kosmos Naturführer

Naturspaziergang
Am Meer

Weitere Bände:

Naturspaziergang Wald
Naturspaziergang Am Wasser
Naturspaziergang Wiese
Naturspaziergang Alpen

Franckh-Kosmos

Bruno P. Kremer / Klaus Janke

Naturspaziergang
Am Meer

Beobachten – Erleben – Verstehen

Umschlag von Kaselow-Design, München, unter Verwendung einer Aufnahme von K. Wernicke.

Das Vorsatzbild zeigt den Leuchtturm Westerhever, das Bild auf S. 1 den Gemeinen Seestern (*Asterias rubens*), das Bild auf den Seiten 2 und 3 das Quellerwatt und das Bild auf S. 4 einen Austernfischer (*Haematopus ostralegus*).

152 Farbfotos von J. Diedrich (Vorsatz, S. 2/3, 49, 83), G. Ewald (S. 1, 11, 13, 85), K. Janke (S. 14 ul, 15 ol, 15 or, 15 Mr, 15 ul, 17 o, 17 M, 25 – 27, 31, 36 o, 37 – 41, 43, 47 l, 48, 52, 53, 60 l, 65 – 71, 73 o, 73 M, 74, 75 o, 75 M, 77 M, 77 u, 78 r, 79 ur, 89, 92, 95, 105 – 107, 119 – 124), R. König (S. 4, 75 u, 77 o, 102, 112), B. P. Kremer (S. 14 ol, 14 or, 32, 35, 36 u, 55, 56, 60 r, 73 u, 80/81, 88, 94, 101, 114, 118), E. Pott (S. 14 ur, 15 Ml, 17 u, 18/19), G. Quedens (S. 16 or, 16 Ml, 16 Mr, 79 o, 108/109), G. Sahling (S. 33), F. Sauer (S. 15 ur, 78 l), U. Walz, (S. 16 ol), K. Wernicke (S. 16 ul, 16 ur, 30, 44/45, 46, 47 r, 72, 79 ul, 84, 97 – 99, 103, 111, 113) sowie 12 farbige Zeichnungen von B. P. Kremer und 4 doppelseitige Farbzeichnungen von M. Golte-Bechtle (S. 28/29, 58/59, 90/91, 116/117).

Wir widmen dieses Buch Barbara und Tamara

Für ihre freundliche Unterstützung danken wir den Mitarbeitern der Biologischen Anstalt Helgoland

© 1991, Franckh-Kosmos Verlags-GmbH & Co., Stuttgart
Alle Rechte vorbehalten
ISBN 4-440-06225-2
Lektorat: Rainer Gerstle und Anne-Kathrin Lange
Herstellung: Lilo Pabel
Printed in Germany / Imprimé en Allemagne
Satz: G. Müller, Heilbronn
Reproduktion: Repro GmbH, Fellbach
Druck: Mairs Graphische Betriebe, Ostfildern

Die Deutsche Bibliothek – CIP-Einheitsaufnahme

Naturspaziergang am Meer : beobachten – erleben – verstehen / Bruno P. Kremer ; Klaus Janke. – Stuttgart : Franckh-Kosmos, 1991
   (Kosmos-Natürführer)
   ISBN 3-440-06225-2
NE: Kremer, Bruno P.; Janke, Klaus

Naturspaziergang Am Meer

Die Küste als Erlebnisraum

Wo das Meer beginnt, ist unsere Erfahrungswelt zu Ende. Genaugenommen endet die vertraute Umwelt schon ein gutes Stück vorher, irgendwo am Klippenrand oder auf der hochwassersicheren Deichkrone, jedenfalls dort, wo die Landkarte die durchaus widerrufliche Saumregion des Festlandes verzeichnet. Wir stehen hier staunend in einer Grenzregion, wo sich buchstäblich die Gegensätzlichkeiten zweier Welten begegnen und das Gefühl nach Orientierung sucht. Wald und Wiese, Feld und Flur liefern uns vertraute und verständliche Bilder. Es sind die Versatzstücke anmutiger Mittelgebirgsszenerien, die übliche Kulisse einer Landschaft, die die Kontraste vermeidet und schon deswegen nicht außergewöhnlich sein kann, weil sie aus dem Mittelmaß lebt. Ein feucht schimmerndes Watt, eine Kliffküste mit dem dumpfen Tosen der Brandung und überhaupt diese reliefberuhigte Landschaft mit dem grenzenlos sich darüber spannenden Himmel aus Wasser und Wolken sind dagegen etwas vollkommen anderes. Nur diese Landschaft konnte offenbar das Erbe der Einsamkeit antreten. Trotz Wellenschlag und Windgebraus bleibt sie lautlos und unaufdringlich. In ihrer stillen Großartigkeit zeigt sie sich selbst dann noch atemberaubend, wenn Wind und Wetter die Konturen nur noch zu Schattierungen in tonlosem Schiefergrau verschwimmen lassen.

Was Meer und Küste so unbedingt erlebniswert erscheinen läßt, ist mit Brandung und Tanggeruch, mit Salzluft und Möwengekreisch sicher nur sehr unvollkommen umschrieben. Bestimmt gehört noch dazu, daß man spätestens beim Parkplatz hinter den Dünenkämmen ein gut Teil Zivilisation mit manchen ihrer unliebsamen Begleiterscheinungen zurücklassen kann, um unten am Strand die Naturlandschaft in großräumigem Zusammenhang zu erleben. Gewiß spielt das Empfinden von Weite, die Erfahrung einer Welt ohne erkennbare Begrenzung eine bedeutende Rolle. Auf jeden Fall ist es aber die totale Andersartigkeit der Lebensstätten: Klippenfelder sind nicht nur Felsen, die ins Meer stürzten, und Strände sind wohl auch nicht einfach nur von Wind und Wasser zurechtmodellierte Sandmassen. Was diese Biotopgefüge ausmacht, ist ihre faszinierend amphibische Natur. Zwischen Festland und Meer breitet sich ein gezeitengeformtes Sechsstundenland aus, dessen vielgliedrige Organismengemeinschaften von den Lebensformen an und in den Binnengewässern grundverschieden sind. Dieses Biotopmosaik mit seinen vielen Kleinwelten aus Land und Wasser läßt einfach keine Langeweile aufkommen, auch wenn der Erlebnisurlaub am Meer gleich für mehrere Wochen gebucht wurde. Die ungemein facettenreichen Lebensgemeinschaften der Küsten in allen ihren Erscheinungsformen bieten so manche Wohltat für Auge und Ohr, für Hirn und Herz und dies auch noch zu allen Jahreszeiten. Sie erschließen sich jedoch nicht von selbst, denn man erkennt und schätzt nur, was man auch weiß. Daher wurden im vorliegenden Buch, beginnend mit dem Frühjahr, zahlreiche Küstenspaziergänge zusammengestellt, die jeweils ein besonderes Schwerpunktthema aus der Ökologie der Strandlebensräume in

Vielfalt der Lebensräume: **1** Steilklippen, **2** Gezeitentümpel, **3** Klippenfeld, **4** Brandungsterrasse, **5** Dünenserien, **6** Ästuar (Flußmündung), **7** Lagune, **8** Salzmarsch, **9** Außendeichwiesen, **10** Schlickwatt, **11** Blockfeld, **12** Sandstrand, **13** Kiesstrand, **14** Landvegetation.

den Vordergrund rücken. Erlebnisraum für unsere Erkundigungen sind Sandstrände und Dünenserien, Salzmarschen und Außendeichgrünland, Schlickwatt und Gezeitenpriele, aber auch Klippensäume, Blockfelder und Brandungsterrassen, soweit sie gefahrlos zugänglich sind. Die jahreszeitlichen Wanderungen sind nicht spezifisch auf Nord- und Ostsee zugeschnitten, sondern geben auch viele Anregungen für andere Feriengebiete entlang des Atlantiks.

Der „Naturspaziergang Meeresküste" ist somit kein Bestimmungsbuch, das Artenkenntnis oder Arteninventare vermittelt. Es geht uns vielmehr um Beobachten, Erleben, Sehen und Verstehen, um den Weg vom Gewühl zum Gefühl.

Dieses Buch möchte Sie also auf bemerkenswerte Abläufe, Besonderheiten und Zusammenhänge aus der Natur unserer Küsten aufmerksam machen und Anregungen geben, was es vom Frühling bis in den Winter an aktuellen oder übergreifenden Geschehnissen zu beobachten gibt. Entdecken Sie im Wechsel der Jahreszeiten, was an Strand und Klippe vorgeht, was die Einzelvorgänge bedeuten und wie sie in den natürlichen Gesamtzusammenhang einzuordnen sind.

Die Fotos zu diesem Buch sind mit Ausnahme weniger Makroaufnahmen im Freiland entstanden. Sie sind für jeden, der genau hinzuschauen weiß, nacherlebbar.

Die Küste ist nur Teil des Meeres

Als Küstengast und Strandwanderer erleben wir eigentlich nur den gemeinsamen Grenzsaum zwischen Meer und Land. Beide Großlebensräume geraten im Küstengebiet förmlich aneinander und gestalten sich auch gegenseitig. Der Strand oder das Felswatt sind das Ergebnis der wechselseitigen Auseinandersetzungen und Versuche, dem Gegenüber jeweils das Terrain streitig zu machen.

Auch wenn gerade der Saum zwischen Meer und Land ökologisch und biologisch zu den faszinierendsten Lebensräumen überhaupt gehört, muß man sich immer wieder verdeutlichen, daß auch die großartigste Küstenszenerie nur ein minimaler Bestandteil oder Ausschnitt aus dem Gesamtlebensraum Meer ist – der zugänglichste und deshalb auch mit Abstand am besten erforschte Teilbereich. Immerhin nehmen die Ozeane mit ihren Nebenmeeren nahezu 71 Prozent der Erdoberfläche ein – ein Gebiet von ungefähr 361 Millionen Quadratkilometer Flächeninhalt. Weit weniger als ein Prozent der Meeresfläche entfällt auf die Küstensäume sämtlicher Kontinente und Inseln.

Meer ist mehr

Meere sind keine flächigen Gebilde. Als landgebundene Lebewesen haben wir schlicht die falsche Perspektive und schauen fast immer nur von oben auf die horizontbegrenzten Wasserflächen. Das Meer beginnt jedoch eigentlich erst unterhalb der Oberfläche. Land und Luft werden – wenn man die höchsten Bäume der Erde einmal großzügig als Meßlatte nimmt – allenfalls bis zur 100 m-Marke über dem Grund besiedelt. Im Meer entfaltet sich das Leben formen- und szenenreich von der Wasseroberfläche bis hinab in die Unterwelt der Tiefseegräben. Im Meer kommt daher eine Umwelt von mehr als zehn Kilometer Vertikalausdehnung und mit nahezu 1,375 Milliarden Kubikkilometer Inhalt zusammen. Die Meere umfassen damit rund 90 Prozent der gesamten Biosphäre und sind fast so etwas wie Lebensraum schlechthin, während unsere so vertrauten Wälder, Wiesen und Auen im Vergleich dazu eher als kuriose Ausnahme dastehen. Was man vom Strandkorb aus von Horizont zu Horizont überblickt, kann ebenfalls nur ein winziger Ausschnitt aus dem unermeßlichen, aber dennoch begrenzten Meer sein – viel mehr als ein Tropfen davon ist es sicher nicht.

Das Ende ist noch weit entfernt

Wenn man beim Schwimmen allmählich den Boden unter den Füßen verliert oder die Klippe mit senkrechten Felswänden abstürzt, entsteht leicht der Eindruck, unter Wasser würde die abgründige Tiefe des Ozeans gähnen. Nirgendwo an unseren Küsten ist die Strandlinie oder Steilklippe jedoch mit der geologischen Randbegrenzung des Kontinents identisch. Fast überall setzt sich die kontinentale Erdkruste seewärts noch über eine geraume Entfernung fort. Erst weit draußen am Schelfrand fällt der Meeresboden über den Kontinentalhang auf Wassertiefen bis −6000 m ab. Bis zum Schelfrand reicht das Flachmeer, auch wenn die Wassertiefe 200 m beträgt.

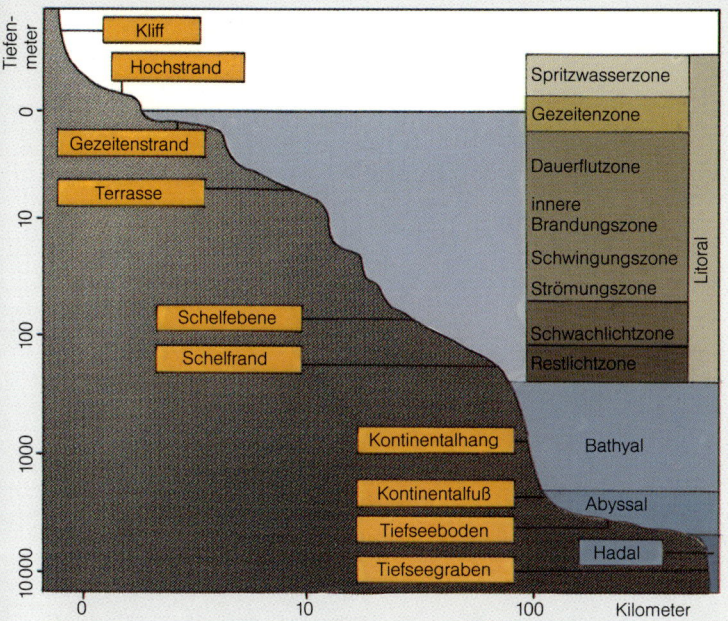

Tiefen-
meter

Kliff

Hochstrand

0

Gezeitenstrand

Terrasse

10

100

Schelfebene

Schelfrand

1000

Kontinentalhang

Kontinentalfuß

Tiefseeboden

10000

Tiefseegraben

Spritzwasserzone

Gezeitenzone

Dauerflutzone

innere
Brandungszone

Schwingungszone

Strömungszone

Litoral

Schwachlichtzone

Restlichtzone

Bathyal

Abyssal

Hadal

0   10   100   Kilometer

Tiefengliederung des Lebensraumes Meer. Der größte Teil dieser Wasserwelt bleibt unserem Blick verborgen.

Über und unter der Gürtellinie

Was auf dem Schelfrand, am Kontinentalhang oder im Bereich der Tiefseeböden vorgeht, ist zwar hochinteressant, aber nicht unmittelbar erlebbar. Sehen und erkunden kann man vom Meer geprägte Lebensräume eigentlich nur an der Küste selbst. Nun verlagern die Gezeiten hier über den Tag hinweg ständig die genauen Grenzlinien. Für unsere Streifzüge und Beobachtungspraxis bekommen wir dadurch ein sehr brauchbares Gliederungs- und Orientierungsmittel an die Hand. Den mehr oder weniger breiten Geländegürtel zwischen der Hochwassermarke (Flutlinie) und der Niedrigwassermarke (Ebbelinie) bezeichnet man als Gezeitenzone (Eulitoral). Mit den Gezeitenwasserständen (vgl. S. 22 f.) wird der amphibische Gürtel zwar eindeutig genug festgelegt, doch läßt er sich auch biologisch anhand der Vorkommensgrenzen bestimmter Meeresorganismen (vgl. S. 57 f.) kennzeichnen.

Das Eulitoral, auch Wechselflutzone genannt, geht an der Niedrigwasserlinie in die Dauerflutzone (Sublitoral) über. Hier machen sich Gezeiteneffekte nicht oder nur sehr wenig bemerkbar. Deutlicher zeichnet sich der Einfluß des Meeres oberhalb des Gezeitengürtels ab: Zwischen der Flutlinie und der tatsächlichen Reichweite der Brandungsspritzer erstreckt sich das Band der Spritzwasserzone (Supralitoral).

9

Warum ist das Meer so salzig?

Für den Binnenländer ist Meerwasser schon allein deswegen etwas Ungewöhnliches, weil es mit seiner enormen Salzfracht so ganz anders schmeckt als übliches Leitungswasser. Salziges Meerwasser erscheint uns aus der festländischen Perspektive fast immer als Ausnahme oder Besonderheit. Das Gegenteil ist aber eher der Fall. Wie selten Süßwasser auf der Erde tatsächlich ist, wird deutlich, wenn wir uns einmal die Mengenverhältnisse klarmachen. Zum genaueren Vergleich nehmen wir einen Wassereimer mit zehn Litern Inhalt – diese Menge soll einmal für den gesamten Wasservorrat der Erde stehen. Der allergrößte Teil davon ist das Salzwasser der Weltmeere. Eine vergleichsweise winzige Portion – etwa so viel, wie in eine normale Kaffeetasse paßt – ist Süß- oder Frischwasser. Aber selbst davon ist das meiste in Form von Eis in den Polgebieten und in den Gletscherkappen festgelegt. Das Wasser aller Bäche, Flüsse, Tümpel und Seen der Erde füllt in unserem Wassereimer-Modell vielleicht gerade einen Teelöffel. Alle Süßwasserlebensräume der Kontinente sind letztlich nur Zwischenstationen, aus denen das Wasser irgendwann einmal wieder zum Meer zurückkehrt und von dort durch Wolkenbildung erneut am Kreislauf teilnimmt. Wolken und Niederschläge sind somit auch nichts anderes als fliegende Kleinstportionen der großen Ozeane.

Ganz schön versalzen

In einem Kilogramm (nicht in einem Liter!) Meerwasser sind rund 35 Gramm Salz in gelöster Form enthalten. Der Salzgehalt beträgt damit also 3,5 Prozent oder 35 Promille. Man bezeichnet den Gesamtsalzgehalt des Meerwassers auch als Salinität.

Wegen seines Salzgehaltes ist Meerwasser bei gleicher Temperatur deutlich dichter als reines Süßwasser. Meerwasser hat unter Normalbedingungen eine Dichte von 1,0249 Gramm je Kubikzentimeter – bei reinem Wasser beträgt sie nur 0,9983. Schwimmende oder schwebende Körper erfahren im Meerwasser somit mehr Auftrieb als im Süßwasser. Schiffe, die in einem Küstenhafen bis zur Kapazitätsgrenze beladen werden, sinken beim Anlaufen eines Süßwasserhafens eventuell schon zu tief ein. Meerwasser mit einer Salinität von 35‰ gefriert erst bei etwa –1,9 °C und erreicht seine größte Dichte im Unterschied zu Süßwasser erst unterhalb der Nullgradmarke. Meereis wäre eigentlich schwerer als Meerwasser und müßte darin sinken. Tatsächlich gestaltet sich das Gefrieren von Meerwasser aber äußerst kompliziert. Bei der Eisbildung trennen sich nämlich Wasser und gelöste Salze, so daß im Meer Süßwassereis gebildet wird, das immer an der Oberfläche schwimmt.

Regional schwankt der Salzgehalt des Meerwassers. Im Mittelmeer verdunstet mehr Wasser, als über die Niederschläge zurückkommt. Folglich muß hier die Salinität auch entsprechend höher ausfallen. Im östlichen Mittelmeergebiet nähert sie sich der 39‰-Grenze. Andererseits tragen große Flußmündungen ihre Süßwasserfahne recht weit in das Meer hinaus und verringern den Salzgehalt entsprechend. In der Deutschen Bucht, im Einflußbereich von Weser und Elbe, sinkt die

Gemischte Gefühle: Zur Ebbezeit (links) überwiegen in der Flußmündung die Süßwassereinflüsse; bei Flut wird das Ästuar (rechts) ein Randzipfel des Meeres.

Salinität im Frühjahr sogar deutlich unter die 30 ⁰/₀₀-Grenze. Noch niedriger ist sie natürlich in den Flußmündungen selbst. Man nennt solche Lebensräume Ästuare. Wasser mit einem Salzgehalt von weniger als 25 ⁰/₀₀ heißt Brackwasser. Ein Verbrackungsgebiet großer Ausdehnung ist beispielsweise die Ostsee mit Salzgehalten zwischen 16 ⁰/₀₀ und 1 ⁰/₀₀.

Nicht nur Salze für die Suppe

Meerwasser ist keine simple Kochsalzlösung, auch wenn dieses Salz die mit Abstand größten Mengen (nämlich 78 Prozent der Gesamtsalinität) stellt. Neun verschiedene Sorten Salzteilchen (Ionen) machen rund 99,9 Prozent der Salinität aus. Eigenartigerweise schwanken ihre Mengenverhältnisse überhaupt nicht: Wasser aus dem Roten Meer hat ziemlich genau die gleiche prozentuale Zusammensetzung wie das Wasser im Ärmelkanal. Fünf Kationen (Na^+, Mg^{++}, Ca^{++}, K^+, Sr^{++}) und vier Anionen (Cl^-, SO_4^{--}, HCO_3^-, Br^-) führen weltweit die Hitliste der Meerwasserbestandteile an. Weit weniger als 0,1 Prozent des Gesamtionengehaltes von Meerwasser steuern dagegen sogenannte Spurenstoffe bei – nahezu alle natürlichen Elemente vom Silicium oder Zink bis hin zu Gold und Platin sind darunter vertreten. Diese sind jedoch mit vernünftigem Aufwand nicht wirtschaftlich gewinnbar.

Wissenswert für Küstenforscher

Wenn man nicht gerade auf vorgegebenen Deich- oder Klippenwegen buchstäblich am Rande des Kontinents entlangwandert, führen die Küstenpfade meist in sehr unwegsames und durchaus nicht immer zugängliches Gelände. An der Wasserlinie sanft geneigter Sandstrände gibt es gewiß die wenigsten Probleme. Auch bei Abstechern ins Deichvorland holt man sich schlimmstenfalls nasse Füße oder ein paar Schlammspritzer auf der Kleidung. Nicht ganz so harmlos sind Wanderungen ins Watt, wo es keine Wegweiser mehr gibt und je nach Wetterentwicklung auch der Blickkontakt zur sicheren Uferlinie unterbrochen werden kann. Besondere Vorsicht ist angesagt bei allen Streifzügen über Klippenfelder, Brandungsterrassen oder Blockhalden. Hier kann der Strandausflug ganz unversehens zur alpinistischen Klettertour oder auch zur abenteuerlichen Rutschpartie geraten. Vergleichbar schwierige Geländeverhältnisse kann unsere geebnete Kulturlandschaft nicht bieten. Sinnvollerweise bewegt man sich hier auch nicht barfuß. Stiefel oder wassertaugliche Sportschuhe mit Profilsohle sind das mindeste, was man zum Schutz vor messerscharfen Muscheln, nadelspitzen Seepocken oder – in letzter Zeit leider zunehmend – verbuddelten Glasscherben und Blechdosen benötigt.

Vorsicht bewahrt erwiesenermaßen vor unliebsamen Überraschungen. Rücksicht dient dagegen dem Schutz der Natur. Wo der Mensch in Mengen auftritt, ist er meistens Störenfried natürlicher Lebensgemeinschaften. Wir dringen daher grundsätzlich nicht in die Lebensstätten gefährdeter Pflanzen und Tiere (z. B. Brutgebiete, Tageseinstandplätze, Hochwasserrasträume) ein. Viele Vogelschutzgebiete sind mit deutlich sichtbaren Hinweisen gekennzeichnet. Wenn solche Markierungen fehlen, sollte man daraus jedoch nicht voreilig den Schluß ziehen, das betreffende Gelände einfach durchstreifen zu können. Die Folgen für die Vogelwelt sind oft fatal.

Wir benutzen selbstverständlich auch keine illegalen Trampelpfade durch Dünen und legen erst recht keine neuen an. Interessante Funde und aufregende Beobachtungen sind im Lebensraum Küste immer auch von der Strandlinie aus möglich.

Die Wattflächen der Nordsee sind Nationalparkgebiet. Innerhalb und außerhalb der Nationalparkgrenzen liegen Flächen, die als Naturschutzgebiete ausgewiesen sind, weil sie besonders seltene oder bedrohte Lebensgemeinschaften beherbergen. Hier ist selbstverständlich besondere Rücksichtnahme erforderlich. Ähnliches gilt auch für die Lebensstätten entlang der Ostseeküsten. Naturreservate, in den Schutzbestimmungen unseren Naturschutzgebieten durchaus vergleichbar und manchmal sogar noch besser geschützt, gibt es auch im benachbarten Ausland, und sie sind ebenso zu respektieren. Was uns der Spülsaum an der Tidenlinie zu Füßen legt, darf man getrost aufsammeln und mitnehmen. Abreißen und Abpflücken unterlassen wir.

Es versteht sich, daß wir keine Tiere töten oder unnötig beunruhigen. Insofern sind Angelzeug, Kescher und ähnliches Jagdgerät für unsere Zwecke ganz entbehrlich.

Küste mit Kontrasten: Steilklippen am Rande Europas (Pointe du Van/Bretagne).

Gut gerüstet ins Gelände

Unsere Erkundungen der Küstensäume werden viel effektiver, wenn wir ein paar nützliche Hilfsmittel mit uns führen:

✳ Gezeitenkalender, Kompaß, Signalpfeife;

✳ Handlupe, Vergrößerung etwa 6- bis 12fach;

✳ Fernglas, lichtstark, handlich, seewasserfest – etwa 8×25 bis 10×20, eventuell auch Spektiv;

✳ Kamera, am besten Spiegelreflexgehäuse mit Makroobjektiv;

✳ Notizbuch, etwa DIN A 6, zum Festhalten von Fakten und Funden;

✳ Bestimmungsbuch zum genaueren Kennenlernen der Strandflora und -fauna;

✳ flache Plastikschale (ca. 10×20 cm) zum zeitweiligen Beobachten von Meeresorganismen, die anschließend wieder freigelassen werden;

✳ Sammeltüte zum Mitnehmen erlaubter Fundstücke, zum Beispiel von Muschelschalen, angeschwemmten Algen, Vogelfedern oder anderem Strandgut;

✳ Taschenmesser, Pinzette.

Geschützte Dünenpflanzen sind die Stranddistel (*Eryngium maritimum* – unten links) und die Strand-Winde (*Calystegia soldanella* – oben rechts). Der Meerkohl (*Crambe maritima* – oben links) kommt nur an Grobkiesstränden, die Strandnelke (*Armeria maritima* – unten rechts) in Salzwiesen vor.

Seite 15: Bizarre Formen im Lebensraum Meer: Faden-Nacktschnecke (*Facelina coronata* – oben links), Hummer (*Homarus gammarus* – Mitte links), Schlangenstern (*Ophiothrix fragilis* – unten links), Schraubensabelle (*Sabella pinicillus* – unten rechts), Schwimmkrabbe (*Liocarcinus holsatus* – Mitte rechts) und Sternseescheide (*Botryllus schlosseri* – oben rechts).

Seite 16: Zu den charakteristischen Durchzüglern an der Küste zählen Steinwälzer (oben links) und Sumpfohreule (oben rechts). Brandenten (Mitte links und rechts) und Eiderente brüten verstreut, während der Baßtölpel (unten rechts) auf felsigen Küstenplateaus große Kolonien bildet.

Seehunde kann man während ihrer Ruhephasen auf seicht abfallenden Sandbänken beobachten (oben). „Mutterlose" Jungtiere (Heuler, Mitte) sollte man auf keinen Fall stören. Die viel größeren Kegelrobben (unten) jagen dagegen in den Gewässern felsiger Meeresküsten.

Frühling

Die Tidenuhr geht nach dem Mond

Bei einem Teich, Weiher oder See könnte man die Wasserstandslinie am Ufer fast zentimetergenau markieren. Innerhalb eines Tages oder einer Woche sind hier auch gewiß keine nennenswerten Veränderungen zu beobachten. Am Meer scheitern solche Versuche. Hier gibt es praktisch keinen Ruhewasserspiegel. Selbst bei idealem Urlaubswetter reichen die Wellenzüge mal höher und mal tiefer auf den Strand – von der wildschäumenden Brandung bei handfesten Sturmwetterlagen einmal ganz zu schweigen. Alle diese Wellenbewegungen sind letztlich Folgewirkungen von Vorgängen in der Erdatmosphäre: Die Luft umströmt die wetterwirksamen Hoch- und Tiefdruckgebiete, je nach Windgeschwindigkeit mit sanftem Säuseln oder tosendem Orkan. Auch wenn der Wind über See geht, nimmt er seinen Weg doch nicht so ganz hemmungslos; er streift die Wasseroberfläche, kräuselt Wellenfronten auf und schiebt das Wasser auf breiter Linie vor sich her. Bei heftigem Luftzug fliegt dann sogar der Schaum davon – wie von den Biergläsern in irischen Dorfkneipen.

Der Pulsschlag des Meeres

Wind und Wetter formen die Wellen und halten das Wasser ständig in Bewegung – der Wasser„stand" ist somit ein momentanes Ereignis. Dicke Luft wirkt sich übrigens meßbar auf die Oberflächengestalt des Wassers aus: Eine Luftdruckerhöhung um 1 Hektopascal (= 1 Millibar) verursacht im Druckgebiet eine 1 Zentimeter tiefe Delle, in die Wasser aus Gebieten niederen Luftdrucks abfließt.

Neben den beinahe chaotisch verlaufenden Wellenbewegungen erlebt man an den Küsten (und bei sehr genauer Messung auch auf hoher See) noch eine ganz andere Form von Wasserstandsveränderungen, deren Ursachen nicht in der Atmosphäre liegen: Die Gezeiten mit ihrem eindrucksvollen Spektakel von Ebbe und Flut sind das Ergebnis eines wahrhaft himmlischen Kräftespiels. Die Kraftfelder, die zur Ebbezeit unvorstellbare Wassermengen von der Küste abziehen und mit dem Flutstrom wieder auf sie loslassen, haben tatsächlich astronomische Dimensionen.

Wie der bedeutende Physiker Isaac Newton bereits im 17. Jahrhundert richtig erkannte, wirken bei den Gezeiten die Schwerefelder von Erde, Mond und Sonne zusammen. Die Gezeiten, mit einem niederdeutschen Wort auch als Tiden bezeichnet, sind nicht nur ein besonderes Naturschauspiel mit stetigem Auf und Ab, sondern auch ein recht verzwicktes geophysikalisches Phänomen. So eigenartig es sich anhören mag – die Gezeiten der Meere sind ein geradezu klassisches Problem der angewandten Astronomie.

Der Mond als Motor

Räumen wir zunächst einmal ein weit verbreitetes Mißverständnis aus: Man kann zwar immer wieder nachlesen, der Mond umkreise als Trabant die Erde, doch stimmt diese Sicht der Dinge nicht. Vielmehr bewegen sich Erde und Mond um eine gemeinsame Schwerpunktachse, die wegen der sehr ungleichen Massenverhältnisse (Erde : Mond = 81:1) noch innerhalb der Erde liegt, ge-

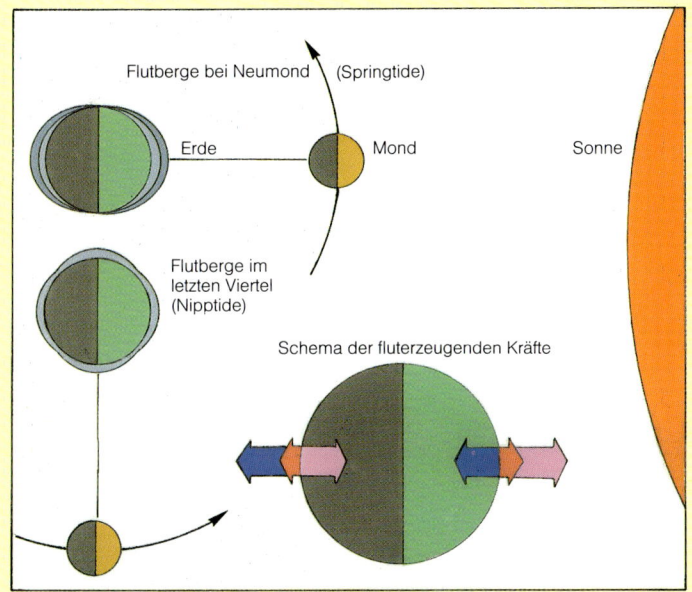

Flutberge bei Neumond (Springtide)

Erde   Mond   Sonne

Flutberge im
letzten Viertel
(Nipptide)

Schema der fluterzeugenden Kräfte

Himmlische Kräfte erzeugen die Tiden. Sonne und Mond schieben die ozeanischen Wassermassen zu Flutbergen zusammen.

nauer rund 4740 Kilometer außerhalb des Erdmittelpunkts. Diese Drehbewegung erinnert an den Walzertanz eines schwergewichtigen Möbelpackers mit einem gertenschlanken Mannequin – auch hierbei befindet sich die gemeinsame Schwerpunktachse nicht exakt zwischen den Tanzpartnern.
Beim gemeinsamen Tanz von Erde und Mond werden auf der Erde Fliehkräfte wirksam, die vom Mond weggerichtet sind. Ihnen wirkt die Massenanziehung (Gravitation) des Mondes entgegen. Auf der mondzugewandten Seite der Erde bleibt als Differenz

aus Anziehungskraft und entgegengesetzter Fliehkraft eine gezeitenerzeugende Restkraft übrig. Sie bewirkt im Zenit (Scheitelpunkt) des Mondes eine zusätzliche Beschleunigung von $0{,}115 \cdot 10^{-1}$ cm · sec^{-2}. Am Erdäquator wird ein Mensch dadurch um das Gewicht einer Träne leichter als in unseren Breiten.
Auf der mondabgewandten Seite der Erde ist die Massenanziehung des Mondes wegen der größeren Entfernung zu seinem Massezentrum geringer. Dafür kann sich hier die Fliehkraft aus der gemeinsamen Drehbewegung von Mond und Erde stärker auswirken und ebenfalls eine gezeitenerzeugende Kraft aufbauen. Diese Kräfte türmen auf der mondzu- und abgewandten Seite der Erde jeweils einen Flutberg auf, unter dem sich die Erde infolge ihrer Eigenrotation hinwegdreht. Die

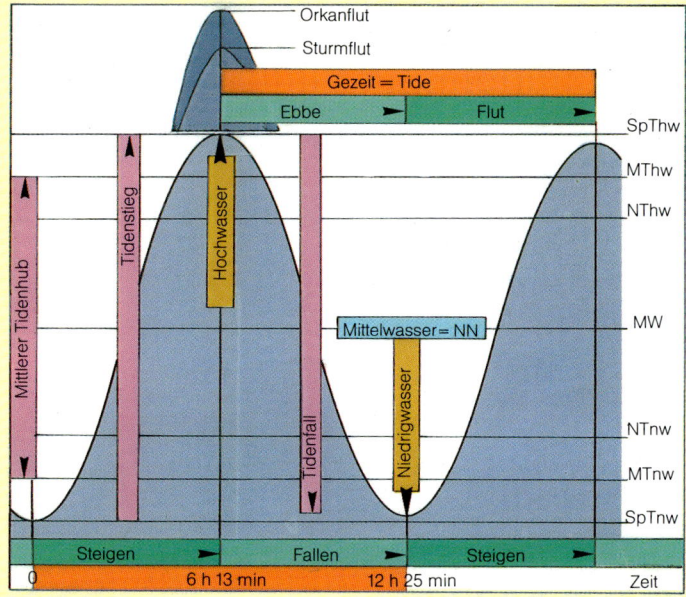

Ablauf einer Normaltide mit ihren unterschiedlichen Gezeitenwasserständen. *SpThw* Springtidenhochwasser, *MThw* Mittleres Tidenhochwasser, *NThw* Nipptidenhochwasser, *MW* Mittelwasser (= *NN*), *NTnw* Nipptidenniedrigwasser, *MTnw* Mittleres Tidenniedrigwasser, *SpTnw* Springtidenniedrigwasser.

kontinentalen Küsten geraten mit der Erddrehung zweimal täglich in einen Flutberg, werden anschließend aber auch zweimal in ein Ebbetal hineingeschoben. Zunehmende und wieder abnehmende Gezeitenwasserstände treten daher an den Küsten in rhythmischem Wechsel auf, obwohl die Kontinente mit ihrer gewaltigen Nord-Süd-Ausdehnung die ungehinderte Bewegung durch die Flutberge von Atlantik und Pazifik erheblich stören.

Jeden Tag ein neuer Fahrplan

Wenn eine Küste in den Flutberg hineingedreht wird, läuft das Wasser auf – es ist Flut. Das Steigen des Wassers (Tidenstieg) endet mit dem Hochwasser. Während der anschließenden Ebbe fällt das Wasser bis zum Niedrigwasserstand. Zwischen Hoch-

wasser und nächstem Niedrigwasser vergehen durchschnittlich 6 Stunden und 13 Minuten. Eine Gezeit (Tide) umfaßt den Zeitraum von einem Hochwasser zum nächsten bzw. von Niedrigwasser zu Niedrigwasser und dauert an offenen Küstenorten 12 Stunden und 25 Minuten. Von Tag zu Tag verspätet sich der Eintritt von Hoch- oder Niedrigwasser somit um rund 50 Minuten. Der Mond braucht für eine Wal-

22

zerstunde mit der Erde 28 Tage. Jeder Bezugspunkt der rotierenden Erde muß den Mond von Tag zu Tag ein kleines Stückchen einholen und braucht dafür eben $^{24}/_{28}$ Stunden oder etwa 50 Minuten. Weil die Mondbahn gegen die Erdbahn geneigt ist und der Mond mal höher, mal tiefer am Himmel steht, fallen die Vormittags- und Nachmittagstiden deutlich unterschiedlich aus.

Auch die Sonne ist im Spiel

Die Sonne hat eine ungleich größere Masse als der Mond, ist aber dafür wesentlich weiter von der Erde entfernt. Ihre gezeitenerzeugenden Kräfte fallen dafür etwas schwächer aus, mischen aber auf jeden Fall spürbar mit. Bei Voll- und Neumond befinden sich Mond, Erde und Sonne sozusagen auf einer geraden Linie. Die fluterzeugenden Kräfte summieren sich – es kommt zu Springtiden mit besonders hohen Hoch- und tiefen Niedrigwasserständen. Während des ersten und letzten Viertels bilden Mond, Erde und Sonne dagegen ein rechtwinkliges Dreieck. Jetzt wird die Mondflutkraft um die Gezeitenwirkung der Sonne verringert: Die Nipptiden bleiben erwartungsgemäß hinter den durchschnittlichen Tidenwasserständen zurück. Mit einer Periode von 14,77 Tagen schwanken die Wasserstände also zwischen den Nipp- und Springtidenniveaus und fallen folglich jeden halben Tag meßbar anders aus.

Der Sturm setzt noch eins drauf

Aus den gut bekannten und mit der Präzision einer Maschine ablaufenden Bewegungen von Mond und Erde um die Sonne kann man die Gezeiten für längere Zeit im voraus berechnen. Der tatsächlich eintretende Gezeitenwasserstand stimmt mit dem vorausberechneten oft nicht überein. Daran sind nicht Rechenfehler oder andere Ungenauigkeiten schuld, sondern Einflüsse, die man nicht langfristig vorbestimmen kann – nämlich Wind und Wetter. Vor allem Wind und erst recht ein stärkerer Sturm können die Gezeitenwasserstände enorm stören. Die Abweichung vom berechneten Wasserstand nennt man Stau. Wind oder Sturm schieben das oberflächennahe Wasser gleichsam vor sich her und erzeugen im Wasserkörper eine Strömung gleicher Richtung. Sobald diese auf die Küste oder gar in eine Bucht gerichtet ist, wird dort der Wasserstand steigen. Unter Wind- oder Sturmeinfluß baut sich also ein Wasserstandsgefälle von der Küste zur offenen See auf – und damit gleichzeitig ein Druckgefälle, welches das Wasser in Bodennähe wieder zurückfließen läßt. Abhängig von der Kraft des Windes steigt das Wasser an den Küsten bis zum Gleichgewicht zwischen Zustrom und Abfluß. In tiefem Wasser ist der druckbedingte Rückfluß stärker. Daher ist der Stau bei Ebbe relativ größer als bei Flut.

Orkanartige Stürme bauen einen Stau von mehr als drei Metern auf. Die bisher höchsten Sturmflutwasserstände wurden im Januar 1976 beobachtet – mit einem Stau bis zu fünf Metern.

Tips für die Praxis

* Gezeitenkalender besorgen und Tidenzeiten vergleichen

* Zeitablauf einer Tide beobachten, Zeitmarken am Strand abstecken

* Flut- oder Niedrigwasserstände während einer Woche beobachten und vergleichen

Stundenlang die Klappe halten

Wer über die weiten Wattengebiete streift, wird irgendwann auch auf Miesmuschel-Bänke treffen, die sich wie flache Hügel über dem Boden ausbreiten.

Im Gegensatz zu allen anderen Muscheln des Wattenmeeres leben die Miesmuscheln nicht eingegraben im Sediment, sondern ausschließlich an der Oberfläche des Bodens. Sie buddeln sich auch nicht mit ihrem Fuß in den Untergrund ein, sondern spinnen sich statt dessen mit vielen zugfesten Eiweiß-(Byssus-)Fäden an einem festen Untergrund fest, und sei es nur eine leere Muschelschale. Das Byssus-Sekret wird in einer Drüse am Grund des Fußes gebildet, zu langen Fäden geformt und mit der Fußspitze an einer Anheftungsstelle festgesetzt. Daß die Miesmuscheln in großen Bänken vorkommen, kann kaum verwundern. Dort, wo bereits eine Muschel siedelt, bietet sie zugleich mit ihrer eigenen Schale Siedlungsgrund für den nächsten Artgenossen.

Hat sich eine Muschel einmal einen günstigen Platz erobert, so wird sie, sobald sie überspült wird, ihre Schalenhälften vorsichtig einen Spalt auseinanderklappen. Im Mantelrand kommen dann eine am Rand stark gelappte Einström- und eine ganzrandige Ausströmöffnung zum Vorschein. Mit ihrem nie ein sehr feines Sieb konstruierten Kiemenapparat strudelt die Muschel durch die Bewegung heftig arbeitender Wimpernbänder Wasser ein und filtriert die mikroskopisch kleinen Nahrungspartikel (z. B. Plankton) heraus. Ungenießbare Anteile werden eingeschleimt und als kleine Klümpchen ausgestoßen. Wenn das Wasser zurückweicht und die Muschelbänke trockenfallen, schließen die Tiere ihre Schalenklappen, damit sie nicht austrocknen. Für viele Stunden wird dann der Atemwasserstrom unterbunden. Während dieser Zeit muß die Stoffwechselaktivität deutlich zurückgefahren werden. Häufig gehen die Tiere sogar eine schwere Sauerstoffschuld ein und erzeugen die notwendige Energie zum Überleben durch Anaerobiose. In den höchsten Bereichen der Gezeitenzone aber wird der Umstand, ständig die „Klappe halten" zu müssen, auf Dauer doch zu groß. Deshalb werden solche Gebiete auch von den Miesmuscheln nicht mehr besiedelt.

Tips für die Praxis

✳ Unter der Lupe die zarten und doch zugfest gesponnenen Byssus-Fäden sowie deren Anheftungsstelle näher beobachten
✳ Lebende Muscheln in ein mit Meerwasser gefülltes Glas setzen; kurz danach öffnen sich die Klappen, und die Tiere beginnen, Atemwasser einzustrudeln
✳ Mit eingestreuten Graphitpartikeln läßt sich die Strudel- und Filteraktivität der Muscheln optisch demonstrieren. Das getrübte Wasser wird nach und nach klar
✳ Bei längerer Beobachtungszeit „spinnen" sich die Muscheln im Glas fest

Auf Miesmuschelbänken leben die Bewohner dicht gepackt und in mehreren Etagen. Auf ihren Schalen siedelt sich ein „Garten" braungrünen Blasentangs (*Fucus vesiculosus*) an.

Etagenwohnung an der Küste

Viele Naturschönheiten bleiben dem Küstenwanderer verborgen, die Kolonien der Seevögel jedoch kann man wahrlich kaum übersehen, geschweige denn überhören. Die großen Brutkolonien der europäischen Atlantikküste werden von Alkenvögeln (z. B. Trottellummen, Papageitaucher und Tordalke), Dreizehenmöwen, Eissturmvögeln und/oder Baßtölpeln bevölkert. Alle diese Vogelarten sind außerhalb der Brutsaison nur auf offener See anzutreffen. Das Land betreten sie nur zur Fortpflanzung. Das Schauspiel nimmt seinen Anfang bereits Mitte bis Ende März. Dann versammeln sich die Vögel zunächst in unmittelbarer Nähe der Brutfelsen vor der Küste und beginnen mit der Balz.

Vogelleben in der Nische

Beim Anblick des lebhaften Treibens stellt sich die Frage, welchen Vorteil es mit sich bringt, daß so viele Seevögel gemeinsam und dann auch noch auf allerengstem Raum ihren Nachwuchs großziehen.
Tatsächlich gibt es gute „Gründe" für die Vögel, sich zur Brut in großen Schwärmen zu treffen. Damit diese aber erfolgreich abgeschlossen werden kann, bedarf es zweier grundsätzlicher Voraussetzungen: Erstens müssen unzugängliche Nischen, Simse und Höhlen als Nistplatz zur Verfügung stehen, und zweitens müssen die umliegenden Gewässer fischreiche Nahrung bieten.
Daß die eng beieinander brütenden Vogelarten nicht zu Konkurrenten werden, läßt sich durch die unterschiedlichen Ansprüche an den Nistplatz und die Möglichkeiten des Beutefangs erklären. Trottellummen brüten dichtgedrängt auf breiten Felsterrassen. Jedes Paar versorgt nur ein spitzkonisches Ei. Die Abschirmung ist so perfekt, daß der Betrachter nur selten ein Ei (oder Küken) zu Gesicht bekommt. Die Tordalken bevorzugen schmale Simse an den Rändern der Kolonie. Die Papageitaucher schließlich benötigen für die Aufzucht ihrer Küken kleine Höhlen. Alle Alken ernähren sich von kleineren Fischen, die sie tauchend erjagen. Den Vortrieb leisten dabei die halb geöffneten Flügel. Die so er-

Die Trottellummen (*Uria aalge*) auf dem Helgoländer Vogelfelsen brüten dichtgedrängt auf den seewärts ausgerichteten Terrassen.

Dreizehenmöwen (*Rissa tridactyla*) gehören zu den wahren Akrobaten der Lüfte.

beuteten Fische bleiben für die Dreizehenmöwe unerreichbar, sie sammeln ihre Nahrung von der Meeresoberfläche oder an benachbarten Stränden. Auch sie bevorzugen kleine Felsvorsprünge, auf die sie jeweils ein Nest aus Algen bauen. Daß diese kleine Heimstatt später ausreichend Platz für zwei Küken und das Elternpaar bietet, funktioniert in der Praxis deshalb, weil sich die Eltern bei der Nahrungssuche abwechseln.

Einigkeit macht stark

Die räubernden Großmöwen können kaum auf den schmalen Vorsprüngen landen. Bei einem Versuch werden sie sofort von einer ganzen Rotte der wendigen Dreizehenmöwen in der Luft angegriffen. Auch in diesem Falle erweist sich das dichtgedrängte Brutgeschäft als Vorteil. Gemeinschaftlich lassen sich mögliche Feinde wirksamer abwehren. Abseits der Dreizehenmöwen brüten in lockeren Verbänden die Eissturmvögel. Ihr Brutplatz sind offene Höhlen und Felsensimse. Die Eissturmvögel sind die Meister des Segelfluges. Wenn selbst die Dreizehenmöwen sich nur noch mit Mühe in der Luft halten, ziehen sie noch mühelos mit stocksteifen Schwingen ruhig vor dem Felsen dahin. Für den ungeübten Betrachter lassen sich die Eissturmvögel von den kleineren Möwen an ihrem Röhrenschnabel und den großen dunklen Augen unterscheiden.

Am Seevogelfelsen. 1 Papageitaucher, **2** Baßtölpel, **3** Tordalk, **4** Eissturmvogel, **5** Trottellumme, **6** Dreizehenmöwe, **7** Kormoran.

Der Sprung in die Tiefe

Besonders interessant wird es an den Vogelfelsen, wenn die Küken der Trottellummen und Tordalken „sprungbereit" sind. Gegen Ende Juni sind die Küken zwar noch nicht flügge, aber doch schon kräftig genug für ein Leben auf See. Einer der beiden Elternteile bleibt bei dem Küken am Felsen, während der andere Partner im Wasser am Fuße des Felsens mit lauten „Orrrr"-Rufen das Junge in die Tiefe lockt. Mit einem leichten Schubs (vielleicht) flattert schließlich das Junge hinab und landet in den Fluten. Aber auch wenn am Boden noch Felsen vorstehen, kommt das Küken nicht zu Schaden. Sein Skelett ist noch nicht verknöchert und kann den harten Aufprall mühelos abfedern. Im Schutz der Dunkelheit erkennen sich Eltern und Küken an der Stimme. Gemeinsam ziehen sie aufs offene Meer, um so den großen Raubmöwen zu entgehen. Erst Wochen später werden die Jungvögel flügge.

Der Nachwuchs der Dreizehenmöwen wird im Gegensatz zu den Alken im Nest flügge und begibt sich nach ausgiebigen Übungen mit einem einzigen Versuch in die Lüfte. An ihrem kontrastreichen Jugendgefieder und den noch unbeholfenen Flugmanövern lassen sich die Jungvögel leicht von den Eltern unterscheiden.

Noch später als die Möwen ziehen die Jungen der Eissturmvögel davon, denn sie verlassen die Brutstätte erst gegen Mitte bis Ende September. Bereits drei

Baßtölpel (*Sula bassana*) brüten auf Felsplateaus dicht nebeneinander.

Wochen zuvor sind sie von ihren Eltern verlassen worden. Ungeschützt bleiben sie während dieser Zeit jedoch nicht, wie man zunächst meinen möchte. Im Notfall speien sie ein übelriechendes Sekret aus.

Um aber den Baßtölpel beim Brutgeschäft beobachten zu können, muß man sich schon nach Schottland, Norwegen oder an den Ärmelkanal begeben. Dort kann man ihre großen Kolonien auf ausgedehnten Felsplateaus beobachten. Allein die Größe der einzelnen Vögel (Spannweite 1,80 m) ist imposant. Interessant ist auch das variationsreiche Ritualverhalten der Baßtölpel, das sich z. B. bei der Balz, der Begrüßung und bei der Aufzucht der Jungen beobachten läßt. Auf hoher See stürzen sie aus bis zu 30 m Höhe mit angelegten Flügeln in die Fluten, um als Stoßtaucher nach Fischen zu jagen.

Tips für die Praxis

∗ Zur Beobachtung von Vogelfelsen ein lichtstarkes Fernglas oder ein stativgestütztes Spektiv (Wind) mitnehmen

∗ Beobachtung auf ein Nest konzentrieren; so lassen sich Fütterung der Küken, Begrüßungszeremonien und Wachwechsel am besten beobachten

∗ Beim Vergleich der Nester lassen sich die unterschiedlichen Entwicklungsstadien der Küken nebeneinander beobachten

Der Helgoländer Vogelfelsen wird zur Brutzeit von etwa 6000 Vogelpaaren besiedelt (oben).

Dreizehenmöwen bauen ihr Nest auf engen Simsen mitten in der senkrechten Felswand (unten).

Schwimmen, schweben, Schwärme bilden

Der Sprung ins Meer ist für uns alle eine Wohltat. Wer aber ist sich schon bewußt, daß er gleichzeitig in eine „treibende Welt" eintaucht, deren Formenvielfalt wie von einem anderen Stern anmutet? Sie hat nur ein entscheidendes Handikap: Ihre Formen sind so winzig, daß unser Auge sie nicht mehr wahrnehmen kann. Ein Blick in das Mikroskop zeigt dem Betrachter das bizarre Treiben einer Unzahl von Organismen. Die neue Welt, die Johannes Müller als erster entdeckte, bezeichnet man als „Plankton" (aus dem Griechischen: das Treibende). Die einzelligen Pflanzen des Planktons messen nur Bruchteile eines Millimeters und erzeugen den größten Anteil des in der Atmosphäre vorhandenen Sauerstoffs! Sie bilden zugleich die organische Grundlage allen Lebens im Meer. Neben dem Phytoplankton gibt es in der Wassersäule auch Tiere, die von diesem reichen Nahrungsvorkommen leben. Die häufigsten Vertreter sind kleine Ruderfußkrebse *(Copepoda)*. Mit ihren feingefiederten Mundwerkzeugen filtern sie die Algen aus dem Wasser heraus. Diese kleinen Pflanzenfresser wiederum werden von anderen Tieren verspeist. Dazu gehören z. B. größere Verwandte, Krebslarven, Pfeilwürmer, pelagisch lebende Würmer wie der

Planktische Ruderfußkrebse sind für viele kleinere Fische und Fischlarven eine bedeutsame Nahrungsquelle.

Nahrungspyramide im Meer. Bevor ein Seehund als Endkonsument satt ist, müssen unzählige Planktonalgen die Nahrungsbasis produziert haben.

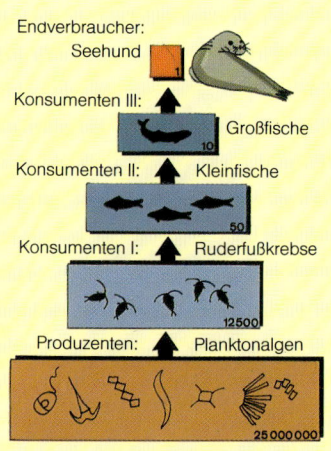

Endverbraucher: Seehund

Konsumenten III: Großfische
10

Konsumenten II: Kleinfische
50

Konsumenten I: Ruderfußkrebse
12500

Produzenten: Planktonalgen
25 000 000

Eine Rote Tide ist an die Küste gespült worden und verdichtet sich am Ufer.

Das „Meeresleuchten", ein Einzeller (*Noctiluca scintillans*), erzeugt durch Massenvermehrung rote Tiden.

berühmte *Tomopteris helgolandica* und Fischlarven. Sie alle bleiben trotz ihrer relativen Größe für unser Auge unsichtbar.

Gläserne Gestalten

Um sich vor Feinden zu schützen, haben die Tiere ihr gesamtes Pigmentbesteck abgelegt. Man schaut quasi durch sie hindurch. Trotzdem wird ein großer Teil von ihnen von Schwarmfischen, wie z. B. Hering oder Sprotte, verspeist.
Zuweilen wird man der mikroskopischen Algenwelt aber auch bereits mit dem bloßen Auge gewahr. Das geschieht immer dann, wenn es zu einer Massenvermehrung kommt. Solche Phänomene, bei denen sich das Meerwasser durch die Zellpigmente der Mikroorganismen intensiv rot bis gelb färbt, bezeichnet man als Algenblüte oder „Rote Tide". Planktonwolken von dem berühmten „Meeresleuchten" *Noctiluca scintillans* werden häufig an den Strand getrieben und bilden unansehnliche – aber für den Badegast harmlose – Schaumteppiche.

Tips für die Praxis

* Ein Schluck rötlich gefärbten Wassers in einem Glas zeigt die Dichte der intensiv gefärbten Mikroorganismen

Wogende Wälder unter Wasser

Wald und Wiese sind zugegebenermaßen die wichtigsten Mosaiksteine unserer Landschaften. Gehölz- oder krautdominierte Pflanzengesellschaften prägen weithin das landschaftliche Erscheinungsbild. Und dennoch täuscht der erste Eindruck: Was uns sozusagen kontinentweit an vielgestaltigem Grün umgibt, ist eigentlich nur die halbe Wahrheit. Fast ebenso wichtig wie die Gruppe der landlebenden Pflanzen ist eine überaus bunte Organismengruppe, die gewöhnlich weniger ins Auge fällt, aber erstaunlich weit verbreitet ist: die Algen sind geradezu die Typorganismen der Wasservegetation und gerade im Lebensraum Meer die mit Abstand bedeutendsten Pflanzen. Von ganz wenigen Ausnahmen abgesehen halten sich die Blütenpflanzen aus marinen Lebensräumen völlig heraus. Mag es im Süßwassersee auch verschiedene Schwimm- und Tauchblattpflanzen geben – im Meer haben sie aus den verschiedensten Gründen keine Chance. Die hier von Pflanzen überhaupt besiedelbaren Teillebensräume sind ganz klar eine Domäne der Algen.

Gemischte Gesellschaft

Bei den Landpflanzen reicht das Formenspektrum von lappigen Moospflänzchen über fächerige Farne bis hin zu Gräsern, Kräutern und Gehölzen. Moose bewegen sich üblicherweise im Zentimeterbereich, Baumarten lassen eventuell sogar die Hundertmetermarke hinter sich. Die Größenspanne der Landpflanzen reicht somit von der Stecknadeldimension bis zu den Abmessungen eines Fußballfeldes. Algen haben in dieser Hinsicht manches

mehr zu bieten. Das große Heer der Planktonalgen besteht überwiegend aus Einzellern – mikroskopisch kleinen Pflanzen, von denen man etliche Dutzend bequem auf einen Stecknadelkopf plazieren könnte.

Am anderen Ende der Formen- und Größenskala stehen dagegen die Großalgen oder Tange, deren Größe man nur noch mit einem Maßband ermitteln kann. Die größte an europäischen Küsten vorkommende Meeresalge ist der Zuckertang, ein gold- bis schokoladenbraunes Band von etwa 20 bis 40 cm Breite und erstaunlichen 3 bis 5 m Länge. Mit seinem markanten Oberflächenprofil, das wohl als Sonderanpassung an Wellenschlag und Brandung zu verstehen ist, sieht er aus wie ein im Wasser ruhender Alligator oder Kaiman.

Der Zuckertang ist ein Vertreter der großen Braunalgengattung *Laminaria*. Mit ihm zusammen kommen an atlantischen Küsten noch zwei weitere *Laminaria*-Arten vor, der Fingertang und der Palmentang, beide wiederum Angehörige der 2- bis 4-m-Klasse. Finger- und Palmentang sind nicht so einfach bandförmig zugeschnitten wie der Zuckertang, sondern erinnern eher an eine besonders groß geratene Fliegenklatsche: Auf einem oft mehr als meterlangen, sehr kräftigen Stiel sitzt ein in Längsrichtung mehrfach geschlitztes Blattgebilde von lederiger Zähigkeit.

Tangwälder aus Einblattbäumen

Laminaria-Arten kommen von der Niedrigwasserlinie abwärts bis zur Tiefengrenze des Lichts in der Dauerflutzone (Sublitoral) vor. Meist findet man nur von der

Nur bei tief ablaufendem Niedrigwasser wird die „Kronenregion" der untermeerischen Tangwälder sichtbar: Fingertang (*Laminaria digitata*).

Brandung losgerissene und auf den Strand geworfene Exemplare. Bei guten Niedrigwassern sind diese Tangbestände aber auch unmittelbar zu erreichen. Waldartig dicht schließen sich die großen Brauntange unterhalb der Niedrigwassermarke zusammen – zu einem vielstengeligen Gewirr baumähnlicher Gestalten, deren jede nur ein einziges großes Blatt von fast Halbquadratmetergröße trägt.

Dieser Laminarienwald wurzelt nicht im Meeresboden wie die Bäume in der Walderde, sondern krallt sich mit einem reich verzweigten Haftorgan direkt am anstehenden Gestein fest. Auch ein kräftiger Tritt mit dem Stiefel kann die innige Verbindung zwischen Tang und Gestein kaum lösen. Sogar die Tangexemplare im Angespül halten oft noch an einer mitgeschleppten Steinplatte fest. Auffällig ist die enorme Biegsamkeit der Stiel- und Blattabschnitte der *Laminaria*-Arten – offenbar ein notwendiges Zugeständnis an die Turbulenzen ihres Standortes. Ausgerechnet im wild bewegten Wasser einer Felsküste halsstarrig zu sein oder gar Rückgrat zu zeigen wäre mit Sicherheit eine fatale Entscheidung.

Ein großer Brauntang ist selten ein Einzelwesen, sondern fast immer eine Lebensgemeinschaft. Wie im immerfeuchten Tropenwald siedeln sich auch an sämtlichen erreichbaren Stellen die verschiedensten Organismen an. Auf den flächigen Blattorganen

breiten sich oft die Krusten von Moostierchenkolonien aus. Im Gewirr der Haftkralle siedeln Schwämme oder Manteltiere. Außerdem bieten die vielen kleinen Nischen geradezu ideale Verstecke für Gelege und Entwicklungsstadien vieler wirbelloser Tiergruppen. Während die sehr glattrindigen Stiele des Fingertangs wenig Halt und Anreiz bieten, tragen die sehr rauhen Stiele des Palmentangs immer einen recht artenreichen Aufwuchs, darunter auch zahlreiche feinere Rotalgen, die man sonst im Angespül nur seltener findet.

Wie die Laubwälder des Festlandes haben auch die Tangwälder der kühleren Meere einen dichten Unterwuchs aus allerhand kleinem Strauchwerk – handhohe Blattbuschalgen, die ihrerseits versteckreiche Kleinlebensräume für wirbellose Winzlinge bereitstellen oder einfach Wohnraum bieten.

Tips für die Praxis

∗ Makroalgen unterscheiden lernen

∗ Querschnitt durch den Stiel eines Palmentangs anfertigen und Jahrringe nachzählen

∗ Aufwuchs auf Blattorgan, Stiel oder zwischen den Haftkrallen untersuchen

∗ Längenverhältnisse zwischen Stiel und Blattorgan bei verschiedenen Exemplaren vergleichen

Die Ebbe setzt eine ungemein bunte und artenreiche Lebensgemeinschaft periodisch an die Luft (oben).

Schaufenster zum Meeresboden: In Flutmulden wachsen Tangarten aus der Dauerflutzone wie die purpurne *Dilsea edulis* (unten).

Spuren suchen in Schlick und Sand

In der Weite des Wattenmeeres streift der Blick des Wanderers am Horizont entlang. Kaum gewahr aber wird er der Spuren, die direkt vor ihm am Boden von einer mannigfaltigen Lebensgemeinschaft im Boden zeugen. Anders gesagt: Was im Wattboden lebt, kann der Wanderer an seiner Oberfläche bereits ausmachen, und was gerade dort noch gekro-

Die Kotsandhaufen verraten das Vorkommen des Wattwurmes (*Arenicola marina*, links).

Vorsicht vor den kleinen Spuren des Kotpillenwurmes (*Heteromastus filiformis*): Hier kann der Boden sehr weich werden (rechts).

chen oder gelaufen ist, läßt sich anhand der zurückgebliebenen Spuren ebenfalls mit ein wenig Übung ansprechen.

Spuren aus der Unterwelt

Besonders auffällige Spuren an der Oberfläche hinterlassen Meeresborstenwürmer. Zu ihnen gehört der Watt- oder Pierwurm, der in einer gebogenen Röhre lebt und am Ende der aufsteigenden Schenkel jeweils einen flachen Trichter und einen Kotsandhaufen bildet (siehe auch S. 50 ff.). Kotpillenwürmer leben in einer blind endenden Wohnröhre. Ihre Kotsandhaufen („Pillen") sind erheblich kleiner und vornehmlich dort plaziert, wo das Watt schlickig und weich wird. Der Wande-

rer im Watt sei vor ihnen gewarnt: Dort, wo sie auftauchen, droht Gefahr, knietief im Boden zu versinken. Strand- und Wattschnecken wandern mit ihrem Fuß über das Sediment hinweg und scheiden dabei Schleim aus, auf dem sie entlanggleiten. Auf diese Weise tragen die Schnecken maßgeblich zu den Ablagerungsprozessen im Wattenmeer bei.

Zu den typischen Spuren am Boden des Wattenmeeres gehören auch die sternförmigen Kratzspuren der Schlickkrebse. Mit dem Kopf schauen sie aus ihren U-förmigen Röhren heraus und kratzen mit den Antennen aus der Umgebung Mikroalgen und organische Teilchen herbei.

Zeigt her eure Füße

Spuren am Boden hinterlassen auch die nach Nahrung suchen-

Wie jedes Tier, so hinterläßt auch diese Strandschnecke (*Littorina littorea*) auf der Oberfläche der Watten eine charakteristische Spur (links).

Diese Trampelkuhlen stammen von Brandenten, die darin Bodenbewohner aufgespült haben (oben rechts).

Rund um den Eingang ihrer Wohnröhre haben Schlickkrebse (*Corophium volutator*) den Boden sternförmig nach Mikroalgen abgekratzt.

den Vögel. Ein geübtes Auge kann leicht die einzelnen Arten anhand der Fußabdrücke erkennen. Prinzipiell unterscheidet man Fußabdrücke von Vögeln mit und ohne Schwimmhäute. Zu den Vögeln mit Schwimmhäuten gehören die Möwen, Seeschwalben, Enten- und Gänse-

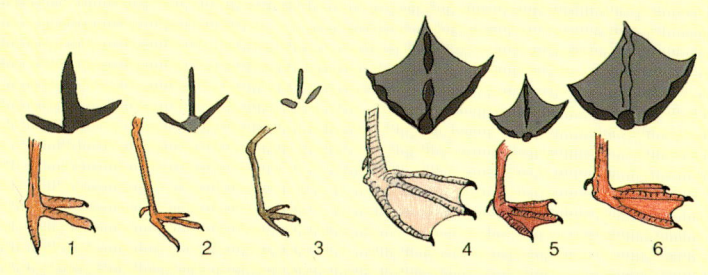

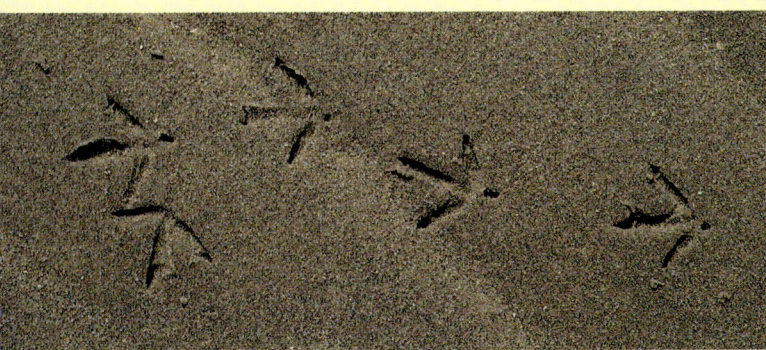

Etliche Vogelarten, die im Watt ihre Nahrung holen, besitzen keine Schwimmhäute. Schwimmfußvögel stehen dagegen auf deutlich breiterer Basis. 1 Austernfischer, 2 Rotschenkel, 3 Seeregenpfeifer, 4 Silbermöwe, 5 Lachmöwe, 6 Brandente.

Laufspur eines Lautstarken: Der Austernfischer (*Haematopus ostralegus*), ein aufmerksamer Strandwächter, lebt auf verhältnismäßig großem Fuß (unten).

Watt-Treten

Möwen und Brandenten hinterlassen auch Spuren ganz anderer Art. Durch das Austreten sogenannter Trampelkuhlen spülen sie kleine Wattorganismen aus dem Boden heraus. Der richtige „Tritt" zur rechten Zeit an der richtigen Stelle verspricht einen reich gedeckten Tisch mit Kleintieren.

vögel. Watvögel wie Austernfischer, Strandläufer und Regenpfeifer besitzen solche Ruderhilfen (mit Ausnahme des Säbelschnäblers) dagegen nicht. Spuren der Watvögel werden oft von kleinen Bodenlöchern begleitet, weil die Vögel mit ihren spitzen Schnäbeln im Sand stochern.

Tips für die Praxis

✳ Ein Fotoapparat eignet sich hervorragend zur Dokumentation der Wattspuren. Die besten Aufnahmen gelingen bei niedrig stehender Sonne. Als Größenvergleich unbedingt einen Pfennig mit aufnehmen

Wenn die Schnecken Hochzeit halten

Zu den auffälligsten Bewohnern der Meeresküste gehören Meeresschnecken. Ob auf den Klippen, am Strand oder im Watt, sie zeigen sich uns immer als träge und gegenüber ihrer Umwelt fast teilnahmslose Tiere. Doch der Schein trügt. Nur wenige Tiergruppen des küstennahen Flachwassers können mit solch einer Artenvielfalt und interessanten Ökologie aufwarten.

An den Schleimspuren auf dem Stein- und Wattboden kann man bereits erahnen, daß es sich bei diesen Schnecken – zumindest zeitweise – um sehr agile Tiere handeln muß. Mit ihrem breiten muskulösen Fuß finden sie auf steilen Felsen, Molenwänden und auf weichem Wattboden Halt.

Versteckte Paarung

Die erstaunliche Beweglichkeit ist für die Schnecken nicht nur bei der Nahrungssuche, sondern auch für ihre Fortpflanzung von großer Bedeutung. Im Gegensatz zu den fast ausschließlich zwittrigen Landschnecken sind die gehäusetragenden Meeresschnecken nämlich ganz überwiegend getrenntgeschlechtlich. Für sie ist das Auffinden eines Partners für die Vermehrung unbedingt notwendig. Zwitter dagegen können sich im „Notfall" auch selbst befruchten.

Die meisten Schnecken pflanzen sich mit Beginn des Frühlings fort. Dann kriechen Männchen und Weibchen aufeinander zu,

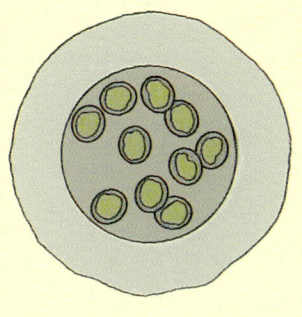

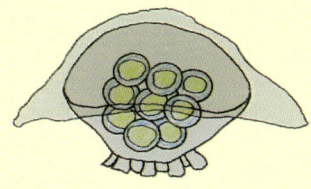

Strandschnecken haben sich zur Begattung zusammengefunden (S. 40 links).

Die Gebänderte Grübchenschnecke (*Lacuna divaricata*) legt auf den Tangen ringförmige Eigelege ab (S. 40 oben rechts).

Aus diesem Gelege der Flachen Grübchenschnecke (*Lacuna pallidula*) werden fertige Mini-Schnecken ausschlüpfen. Deutlich erkennt man bereits die hornfarbenen kleinen Gehäuse (S. 40 unten rechts).

Das Schwimmgelege der Strandschnecke (*Littorina littorea*) unternimmt mit den Gezeitenströmen eine Schwebefahrt ins Ungewisse (links).

Die Nordische Purpurschnecke (*Nucella lapillus*) setzt ihre flaschenförmigen Eikokons an Felsen ab (rechts).

und das Männchen überträgt über einen Penis, den es in die Mantelhöhle und Geschlechtsöffnung des Weibchens einführt, seinen Samen.

Vielfältige Kinderstuben

Unsere häufigste Form, die Gemeine Strandschnecke, bedarf in diesem Zusammenhang keiner besonderen Erwähnung. Ihre Weibchen geben ihre Eier als kleine Portionen ab, die sie in untertassenförmigen Gallerthüllen verpackt haben. Diese verdriften, entwickeln sich zu einer freischwimmenden, beschalten Wimperlarve („Veliger") und machen erst im Übergang zum Bodenleben eine Gestaltumwandlung zur Jungschnecke durch.
Die Weibchen anderer Schneckenarten heften an Felsen, Mu-

41

schelschalen, Tangen und anderen festen Gegenständen auffällige Gelege an. Besonders typisch sind die kreisrund aufgedrehten Laichschnüre der Gebänderten Grübchenschnecke. Die äußere Gallerte ist glasklar, so daß man mit der Lupe die Eier im Inneren erkennen kann. In den Eiern entwickeln sich kleine beschalte Schwimmlarven („Veliger"), die alle aus dem Gelege entweichen und davontreiben. Erst nach ein paar Wochen gehen sie zum Bodenleben über. Bei der Flachen Grübchenschnecke legt das Weibchen ein durchsichtiges und von einer Gallertmasse umgebenes Eipaket ab. Die Jungschnecken entwickeln sich bei ihr direkt im Ei zu einer winzigen fertigen Schnecke, die mit einer Größe von etwa ein bis zwei Millimetern das Gelege verläßt und davonkriecht. Bei der Nordischen Purpurschnecke bildet jedes Weibchen in ihrem Geschlechtstrakt eine Reihe von keulenförmigen Kokons, die auf einem Stiel an geschützten Meeresfelsen abgesetzt werden. Von den etwa 600 enthaltenen Eiern werden jedoch nur etwa 30 befruchtet, der gesamte Rest dient als Nährreserve und wird von den Jungschnecken im Kokon verspeist. Mit einer Größe von nur zwei Millimetern verläßt der Nachwuchs die schützende Kinderstube. Sehr ähnlich verhält es sich mit den Laichballen der Wellhornschnecke, die nach stürmischen Tagen im Angespül der Strände zu entdecken sind. In jeder der vielen zusammengeklebten Kapseln befinden sich bis zu 3000 Eier, aber nur etwa 30 von ihnen werden sich schließlich zu einer Schnecke entwickeln. Die Weibchen der Spitzen Strandschnecke legen ihre Eier direkt in ihrer Mantelhöhle ab, so daß sie sich ganz im Schutz der eigenen Mutter entwickeln können.

Wundersame Wandlung

Ein für Meeresschnecken außergewöhnliches (Geschlechts-)Leben führt die Pantoffelschnecke. Sie entwickelt sich zunächst zu einem Männchen. Dieses sucht nach einem bereits standorttreuen Weibchen, begibt sich direkt auf die Schale der Auserwählten und begattet die Partnerin. Von nun an geht Männchen wie Weibchen zu einer Lebensweise als festsitzender Planktonstrudler und -filtrierer über. Ab einer bestimmten Größe wechselt das Männchen sein Geschlecht und wird nach einer sterilen Phase zum Weibchen. Auf seinem Schalenrücken wird sich ein neues Männchen niederlassen und somit den Entwicklungsgang fortführen.

Geschlungene Schleier

Die größten Künstler unter den Laichband-Bildnern sind zweifellos die Meeresnacktschnecken. Die Laichbänder, die sie ablegen, erinnern an sorgsam geschwungene Schleier oder zart gewundene Schmuckschnüre. Bei näherer Betrachtung erkennt man auch bei ihnen eine Unzahl winziger, dicht beieinander liegender Eier.

Tips für die Praxis

* Einzelne Schnecken in ein Becherglas setzen; von außen die Fortbewegung und Fraßaktivität (durch den hin- und herpendelnden Kopf) betrachten
* Niemals Schneckenlaich vom festen Untergrund abpflücken; die Eier vor hastе sind schon bald die Elterntiere von morgen
* Abgerissene Gelege unter einer starken Lupe betrachten; in den Eiern kreiseln unterschiedlichste Entwicklungsstadien

Die Laichballen der Wellhornschnekke (*Buccinum undatum*) werden öfter vom Untergrund abgerissen und an den Strand gespült (links oben).

Paarungskette der standorttreu lebenden Pantoffelschnecke (*Crepidula fornicata*, links unten).

Unter einem umgewälzten Stein entdeckt man Gefleckte Warzenschnekken (*Onchidoris bilamellata*) und ein frisch abgelegtes Laichband (oben).

Unter Wasser entfalten sich die spiralig aufgewundenen Laichbänder der Meerzitrone (*Archidoris pseudargus*, Nacktschnecke) zu bizarrer Schönheit (Mitte).

Diese Faden-Nacktschnecke (*Coryphella browni*) hat gerade ein Laichband am Stamm eines Röhrenpolypen abgelegt (unten).

Sommer

Vertrieben von den Sommerstränden

Weite, unberührte Sandstrände wünschen sich Urlauber, wenn sie an die Küste reisen, um den Alltag zu vergessen und mit der Frischluft Kraft zu tanken. Ein ganzer Industriezweig hat sich mittlerweile an den europäischen Küsten entwickelt, der jeden auch nur halbwegs geeigneten Sandstrand vermarktet. Aus der Strandidylle wächst schnell ein Freizeitpark mit Sandburgen und Strandkörben. Für die scheuen Bewohner der Sandstrände bleibt da kein Platz mehr. Sie weichen bei Störungen so drastisch aus ihrem Lebensraum, daß wir sie auch gar nicht mehr mit ihren angestammten Lebensräumen in Verbindung bringen. Besonders für einige Küstenvögel bieten die vegetationskargen Dünenlandschaften und die flachen vorgelagerten Sandstrände im Sommer Brut- und Lebensraum.

Lautstarker Strandwächter

Der auffälligste Strandvogel unserer Breiten ist der Austernfischer. Eindringlinge am Strand werden von ihm immer durch laute, durchdringende Rufe „begrüßt". Im Frühling und Sommer kann man kleine Trupps der Austernfischer beim ritualisierten Balzverhalten beobachten. Die rivalisierenden Männchen laufen parallel nebeneinander her und rufen dabei laut. Seine Nahrung findet der Austernfischer in unmittelbarer

Der Strandtourismus hat den scheuen Bewohnern der Küste ihren Lebensraum streitig gemacht (links).

Ein Austernfischer (*Haematopus ostralegus*) führt sein Küken in den Dünen aus. Die Nahrung sucht sich der Nachwuchs selbst. Das Elterntier übernimmt nur die Bewachung (Mitte).

Nur bei extrem ruhiger Umgebung paaren sich die Küstenseeschwalben (*Sterna paradisea,* rechts).

Ufernähe. Dort sucht er nach Würmern, Flohkrebsen und Strandkrabben. Allerdings wagt er das nur dann, wenn er über eine Entfernung von etwa 50 bis 100 Metern ungestört bleibt.
Die Gelege setzt der Austern-

fischer nur an extrem beruhigten Plätzen ab.

Perfekte Tarnung

Ungleich unauffälligerer ist der Sandregenpfeifer. Am Sandstrand wird man diesen agilen Vogel mit dem hohen Ruf gar nicht unbedingt im ersten Augenblick wahrnehmen, denn sein kontrastreiches Gefieder entpuppt sich am Strand als perfekte Tarnkappe. Noch perfekter ist die Brutstätte getarnt. Die Eier, die sich in Farbe und Kontrast überhaupt nicht vom Untergrund unterscheiden, werden einfach in eine flache Sandkuhle gelegt und vom Strandwanderer als belanglose Steine übersehen. Häufig kommt es vor, daß die Gelege an Touristen-Stränden zerstört werden. Dabei zieht der Vogel in ei-

47

nem Jahr meist sogar zwei Gelege mit jeweils vier Eiern hoch. Die Küken verlassen sofort ihr Nest und gehen in der Vegetation der Dünen in Deckung. Von dort unternehmen sie mit ihren Eltern Strandwanderungen. Der Aufenthalt in der offenen Landschaft wird für die Küken nicht selten gefährlich, denn überall lauern Möwen. Das Jugendkleid besitzt deshalb ebenfalls die Farbe der Strandlandschaft. Die Eltern helfen ihren Sprößlingen in brenzligen Situationen und stellen sich gegenüber Störenfrieden flügellahm. Auf diese Weise versuchen sie, das Interesse auf sich zu lenken und den Feind zu verleiten.

Verdrängte Luftakrobaten

Viel empfindlicher als Austernfischer und Sandregenpfeifer rea-

Trotz des kontrastreichen Gefieders sind die Sandregenpfeifer (*Charadrius hiaticula*) am Strand hervorragend getarnt (links).

Die vorzügliche Tarnung des Geleges wird den Sandregenpfeifern oft zum Verhängnis. Die Eier werden von unvorsichtigen Strand- und Dünenwanderern achtlos zertreten (o. rechts).

Nur die vorzügliche Tarnfarbe schützt diesen jungen Sandregenpfeifer vor den räuberischen Silbermöwen (unten rechts).

gieren Seeschwalben auf eine häufige Frequentierung der Strände. Relativ unproblematische Schutzgebiete konnten z. B. für die Brandseeschwalbe eingerichtet werden. Sie lebt zur Brutzeit in dichten Kolonien. Ein akti-

48

ver Schutz der Brutplätze von mehreren tausend Vögeln ist also durch die Absperrung von wenigen Hektar Land bereits möglich. Wenn die Seeschwalben miteinander turteln und sich Fischchen übergeben, benötigen sie zur Gründung der Kolonie unbedingte Ruhe. Schon bei geringen Störungen geben sie ihr Brutgeschäft auf.

Noch weitaus schwieriger ist die Erhaltung der sehr selten gewordenen Zwergseeschwalbe zu bewerten. Sie siedelt nur einzeln oder in weit verstreuten Verbänden, und auch dann nur an streng beruhigten, weitläufigen Strandabschnitten. In einer Zeit, in der Jahr für Jahr Millionen von Übernachtungen allein an unseren heimischen Küsten registriert werden, wären die Tage der Zwergseeschwalbe ohne massiven Arealschutz längst gezählt.

Seltener Anblick: eine Zwergseeschwalbe (*Sterna albifrons*) sitzt an einem Kieselstrand auf ihrem Nest.

Tips für die Praxis

* Verleitenden Vögeln im Frühling und Sommer unbedingt folgen; die Gefahr der Nestzerstörung oder Beunruhigung der Küken ist sonst sehr groß
* In den frühen Morgenstunden den Strand von einem sicheren Versteck aus beobachten; die Anzahl der Vogelarten mit den tagsüber beobachtbaren vergleichen
* Führungen zu geschützten Seeschwalbenkolonien lohnen sich. Balz, Begrüßungszeremonien und Kükenaufzucht beobachten

Leben unter Schritt und Tritt

Nordseeküste: Nichts hält den Blick zum schnurgeraden Horizont auf, wo die tiefziehenden Wolken und ein ebenso graues Watt fast miteinander verschmelzen. Naß glänzende Schlickflächen breiten sich aus, überall von größeren Pfützen und ein paar Prielen durchsetzt – ein typisches Sechsstundenland, über das einen Vierteltag später schon wieder die Wellen hinweggehen. Eine trostlose Landschaft aus Schlamm und Schlick?

Das Watt, wie man den Auftauchbereich zwischen Hochwasser- und Niedrigwasserlinie nennt, und das zugehörige Wattenmeer (die angrenzende Nordsee bis etwa zur 10 m-Tiefenlinie) sind eine der letzten großflächig zusammenhängenden Naturlandschaften Europas, in denen vom Wirken des Menschen noch relativ wenig zu spüren ist. Das Watt zwischen dem niederländischen Den Helder und dem dänischen Esbjerg ist zudem der größte Lebensraum dieses Typs. Kleinere Schlick-, Misch- oder Sandwatten finden sich als Buchtfüllungen oder vor Flußmündungen auch an anderen Stellen der Atlantikküsten. An das Watt entlang der Nordseeküste reichen sie auch in der Flächensumme nicht heran.

Von der Bildfläche verschwunden

Eine Hartbodenlebensgemeinschaft mit ihren vielen bunten Algen und festgewachsenen Tieren ist ein üppig bestückter Garten. Auf anstehendem Gestein bleibt den Felswattbesiedlern praktisch auch keine andere Wahl – sie müssen ihren Lebensraum flächig besiedeln und sich somit dem Blick ziemlich frei präsentieren. Nur wenige Spezialisten können bohrend in das Gestein eindringen.

Eine Weichbodenküste bietet da schon ganz andere Verhältnisse. Sie zeigt sich dem Beobachter auf den ersten Blick zwar völlig ausgeräumt und nahezu leblos, aber sie hat's buchstäblich in sich: Etwa 300 Gramm tierische Biomasse enthält der Wattboden unter einem Quadratmeter Oberfläche – das sind rund drei Tonnen pro Hektar und zehnmal so viel wie im küstenferneren Nordseeboden.

Größere, flächendeckende Algen- und Tanggebüsche wie in einem Felswatt fehlen dem Schlick- oder Sandwatt. Im Unterschied zu höheren Pflanzen besitzen Algen ja keine weitläufigen Wurzelorgane, mit denen sie sich im weichen Sediment verankern können. Ihre Klammerorgane, Krallen oder Haftscheiben, taugen daher allenfalls für die Besetzung von Grobgestein oder besonders festsitzenden Muscheln. Überall, wo ein paar Findlinge den tonigen Teig aus Sand und Schlick unterbrechen, bilden sich Inselvorkommen von Hartbodenlebensgemeinschaften mit typischen Aufwuchsarten. Ansonsten bleibt die Bildfläche weithin leer, weil sich die Wattbewohner in den Grund begeben haben und wirklich ganz schön im Schlamm stecken.

Tiere mit Tiefgang

Man muß dem Watt schon ein wenig auf den Grund gehen, um einen Eindruck vom Arten- und Individuenreichtum zu gewinnen. Ziemlich oberflächlich leben im Schlickwatt die nur wenige Millimeter großen Wattschnecken – bis über 100.000 erwachse-

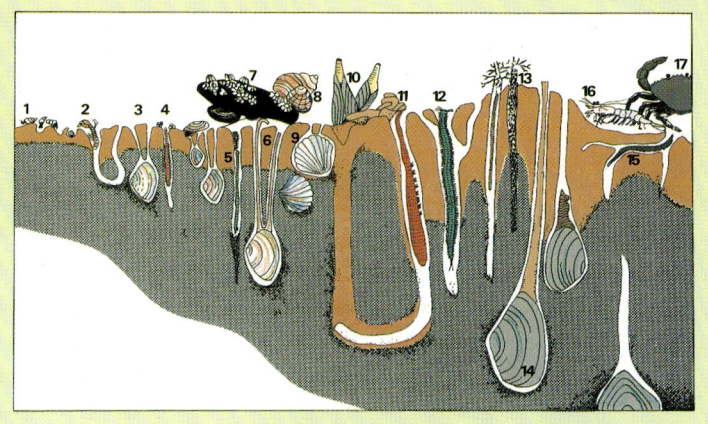

Wohnen im weichen Watt: 1 Wattschnecke, 2 Schlickkrebs, 3 Plattmuschel, 4 Kotpillenwurm, 5 Rasenringelwurm, 6 Pfeffermuschel, 7 Miesmuschel, 8 Strandschnecke, 9 Herzmuschel, 10 Sandklaffmuschel, 11 Wattwurm, 12 Seeringelwurm, 13 Bäumchenröhrenwurm, 14 Sandklaffmuschel (eingegraben), 15 Pfahlwurm, 16 Sandgarnele, 17 Strandkrabbe.

ne Tiere und fast 1 Million Jungtiere kommen auf oder in einem Quadratmeter Wattboden vor. Ein fußballfeldgroßer Wattausschnitt beherbergt also mehr Wattschnecken als die Erde (bislang) Menschen. Herzmuschel und Plattmuschel, beide in den obersten Zentimetern Wattboden versteckt, bringen es immerhin noch auf mehr als 2000 Individuen je Quadratmeter. Bei vielen weiteren Wattbodentieren bewegen sich die Populationsdichten in der gleichen Größenordnung. Noch abenteuerlicher fallen die Bevölkerungszahlen aus, wenn man einmal die sehr kleinen Wattbewohner berücksichtigt. Zumindest im Misch- oder Sandwatt

bieten die locker geschichteten Sandkörner genügend Zwischenräume und Kleinsthöhlensysteme für eine unglaublich artenreiche Mikrofauna – Tiere mit Körpergrößen von weit unter einem Millimeter. Rund 2,5 Millionen dieser Winzlinge kommen unter einem Quadratmeter Wattboden vor. Ein noch zahlenkräftigeres Millionenvolk sind die winzigen Wattkieselalgen, die bei Niedrigwasser aus ihren Sedimentlöchern vorkriechen und die Wattoberfläche mit goldbraunen Filmen überkleiden. Auf eine nur münzgroße Fläche passen rund 1 Million Algenzellen, auf einen kompletten Quadratmeter eine Menge, die schon beinahe das Zahlensystem sprengt. Alle diese sehr kleinen Wattbewohner sind die Nahrung größerer Bodenorganismen. Wattwürmer und Kotpillenwürmer durchwühlen im bergmännischen Schachtbauverfahren das Sediment und verzehren alle verwertbaren organischen Bestandteile. Die unverdaulichen Sedimentkörner setzen sie in charakteristischen Häufchen oder Schnüren wieder ab, so daß ihre dichtbesetzten Minenge-

51

biete dem aufmerksamen Beobachter nicht entgehen. Andere Würmer wie der Bäumchenröhrenwurm bauen komplizierte Reusenfanganlagen, die aus dem Tidenstrom Verwertbares herausfischen. Natürlich kommen auch die meist sehr ortsfesten Muscheln im Wattboden auf ihre Kosten: Die 20 bis 30 cm tief im Boden steckende Sandklaffmuschel besitzt ein langes, bis zur Bodenoberfläche reichendes Schlauchorgan mit getrennten Ein- und Ausfuhröffnungen, durch die sie nahrungsreiches Atemwasser pumpen kann. Die gesamte Bandbreite von Strudlern, Filtrierern, Sammlern, Bodenwühlern, Aasfressern und Beutegreifern ist im Wattboden vertreten. Somit teilen die Bodenspezialisten die Nahrungsressourcen einigermaßen gleichwertig untereinander auf und geraten

Der blaugrün schillernde Seeringelwurm (*Nereis virens*) wagt sich nur bei Dunkelheit an die Oberfläche (links).

Die nur wenige Millimeter langen Schlickkrebse (*Corophium volutator*) bevölkern zu Millionen die Areale des Schlickwatts (rechts).

damit nur wenig in Konkurrenz zueinander.

Wohnungswahl im weichen Watt

Der unglaubliche Individuenreichtum der Wattbewohner ist kein unsortiertes Gewimmel. Nicht jeder kann im Watt einfach dort Wohnquartiere beschlagnahmen, wo noch gerade Platz ist. Vielmehr haben die einzelnen Arten offenbar ganz besondere

Ein freigespülter Wattwurm (*Arenicola marina*) kann sich mit seinem muskulösen Vorderteil binnen weniger Augenblicke wieder in den Boden eingraben (links).

Der räuberische Opalwurm (*Nephthys hombergi*) gräbt sich durch die sauerstoffreichen Schichten des Wattbodens (rechts).

Vorlieben. Strömungsverhältnisse, Gezeitenwasserstände und vor allem die Korngrößen im Boden bestimmen daher das jeweilige Besiedlungsbild.

Das extrem feinkörnige, tonige Schlickwatt ist die Domäne von Schlickkrebsen, Wattschnecken, Wattringelwurm und jungen Wattwürmern. Hier ist übrigens besondere Vorsicht geboten: Das zähe, schon wenige Millimeter unter der Oberfläche tiefschwarze Sediment gibt die tief einsinkenden Stiefel nur höchst widerstrebend frei.

Fazit: Auch wenn keine Vogelscharen eifrig stochernd vor dem Flutsaum herlaufen, ist das stille Watt überaus lebendig.

Tips für die Praxis

∗ Auf Leseabstand zum Wattboden gehen – das Getümmel der Kleinsttiere erschließt sich nur aus der Nähe
∗ An Prielrändern und Abbruchkanten auf Wohnröhren und ähnliche Lebensspuren achten
∗ Grenze zum schwarzen Unterboden (Eindringtiefe von Sauerstoff) in verschiedenen Wattböden prüfen
∗ Organismen (Schnecken, Muscheln) auf handgroßer Fläche auszählen

53

Ikebana unter Wasser

Driftende Tangbüschel erzeugen aller Erfahrung nach zwiespältige Gefühle. Tange gelten neuerdings nämlich als höchst zweifelhafter Auswurf des Meeres, werden irgendwo bei Killeralge oder Algenpest eingeordnet und halten Badetouristen so zuverlässig auf Distanz, als wimmele das Wasser von Feuerquallen. Zugegeben: Wer einen Naturstrand so hochsteril erleben möchte wie den Hotelpool, sollte die folgenden beiden Seiten besser überblättern.

Auch wenn die Saubermänner der Kurverwaltungen dafür sorgen, daß die umhertreibenden oder angespülten Algen und Tange immer rechtzeitig außer Sichtweite im Sand verbuddelt werden, sollte man sich die kleinen und großen Meeresalgen doch einmal genauer anschauen. Sie fühlen sich übrigens gar nicht so glitschig und glibberig an, wie meistens befürchtet wird. Ihr ungewöhnliches Formenspektrum und ihre ausgesuchte Farbigkeit lohnen mit Sicherheit auch einen zweiten und dritten Blick.

Die Vielfarben-Koalition

Landpflanzen präsentieren sich üblicherweise in den verschiedensten Grünschattierungen, von vornehmer Blässe bis hin zu gesättigtem Schwarzgrün. Daran ändern eigentlich auch die Farbtupfer der Blüten und Früchte nichts, die als ausgesprochene Saisonartikel den Aspekt ohnehin nur vorübergehend bestimmen. Wald ist eben normalerweise grün, und die grüne Wiese ist es sowieso bereits sprichwörtlich. Völlig anders dagegen die Algen: Sie gewanden sich in erstaunlich vielstufig nuancierte Töne und bilden eine unerhört bunte Truppe von eindrucksvoller Farbpalette. Selbstverständlich gibt es da auch Grünalgen, die in ihren Farbstoffen und in vielen weiteren Merkmalen so sehr mit den Landpflanzen übereinstimmen, daß man letztere sogar als besonders arrivierte grüne Algen auffassen könnte. Bei den Algen blieb es indessen nicht beim Grün. Mehrere gleichwertige Alternativen haben diese Organismen im Laufe der Evolution erprobt, angepaßt und optimiert.

Entwicklungsgeschichtlich uralt sind beispielsweise Rot-Grün-Bündnisse – in diesem Fall wird das bei allen Algen vorhandene Grünpigment Chlorophyll a von roten Farbstoffen überlagert, die chemisch mit unseren Gallenfarbstoffen verwandt sind. Diese besondere Verknüpfung haben vor mehr als zwei Milliarden Jahren die Blaugrünalgen *(Cyanobakterien)* erfunden und vor mehr als einer Milliarde Jahren an die Rotalgen weitergegeben. Besonders bei den Rotalgen tieferer Standorte sind die roten Farbkomponenten unübersehbar entwickelt: Von kräftigem Karmin über feuriges Purpur bis hin zu sattem Rubinrot ist eine vielstufige Palette vorhanden.

Mit etlichen weiteren Farbprogrammen haben die Algen schon lange vor den Landpflanzen ökologisch Karriere gemacht. Außerordentlich erfolgreich war beispielsweise die Kombination von zartem Chlorophyllgrün mit deckendem Gelbbraun, wobei Verbindungen aus der Stoffklasse der Carotinoide zum Einsatz kommen. Solche Farbstellungen zeigen beispielsweise die Braunalgen oder auch etliche Verwandtschaftsgruppen einzelliger Algen,

Jeder Ausschnitt einer Felsküste beherbergt eine Vielfarbenkoalition: Rot-, Grün- und Braunalgen im Felswatt zur Ebbezeit.

die die Organismenwolken des Planktons bevölkern.

Von filigran bis knüppeldick

Meeresalgen sind nicht einfach ein besonders bunter, untermeerischer Ersatz zu Kopfsalat oder Petersilie, sondern bestechen neben ihrer Farbigkeit auch mit ausgesucht hübschen Formen. Unter dem pflanzlichen Strandgut am Spülsaum werden sich bestimmt ein paar flächige, lappige Gebilde finden, die zunächst aussehen wie bunte Folienfetzen. Sie stellen zweifellos die einfacheren Formtypen dar, lassen sich aber zu interessanten Faltenwürfen drapieren wie die Damengarderobe auf Rubens-Gemälden.

Größer ist der Formenzauber bei den feinblättrigen oder buschig verzweigten Rotalgen. Hier finden wir gleichsam die Starmannequins unter den Meeresalgen – äußerst grazile und elegante Gestalten mit filigranem Dekor oder anderen ungewöhnlichen Formen, deren Details mitunter die Auflösungsgrenzen des bloßen Auges überschreiten. Diese Typenvielfalt bezaubert schon allein deswegen, weil sie so unvertraut ist und somit fremdartig wirken muß. Im Unterschied zu den Zweigsystemen unserer Gehölze sind die Verzweigungen vieler Algenbüschel wesentlich regelmäßiger angeordnet und wiederholen ihren Grundbauplan auch mit viel einfacheren Mitteln. In ihrer Gesamterscheinung erinnern die-

Die filigrane Schönheit mancher Meeresrotalge hat einen wohlklingenden Namen: Fadenzweigalge (*Polysiphonia urceolata*).

se Algen ebensowenig an die vertrauteren Landpflanzen wie die großen Makroalgen oder Tange, die bereits in die Zehnmeterklasse vorstoßen.

Schönheit ist nicht vergänglich

Viele Meeresalgen sind nicht nur bildschön, sondern auch schön im Bilde. Was uns der Spülsaum zu Füßen legt, kann man zeichnen, fotografieren oder auch zu schmucken Herbarblättern verarbeiten. Auf diese Weise bleibt die Schönheit der – zumeist ohnehin recht kurzlebigen – Feinalgen erhalten. Sie vertragen nur keine direkte Sonnenstrahlung, denn wie alle Naturfarben sind auch die Algenpigmente erstaunlich wenig lichtbeständig. Eingerahmt und an einer halbschattigen Wand aufgehängt, bleiben die farbigen Schönen jedoch jahrelang in Form.

Die praktischen Tips erläutern, wie man die farbigen Fundstücke fachmännisch verarbeitet. Man kann sich auf diese Weise einen Überblick über die vorkommenden Einzelarten verschaffen oder auch nach eigenem Geschmack Form- oder Farbensembles zusammenstellen, so wie der Flutsaum sie mehr oder weniger zufällig zusammenführt.

Tips für die Praxis

✳ Aufgesammelte Algen vom Spülsaum nicht in wassergefüllten Behältern, sondern trocken transportieren

✳ Fadenbüschel zu Hause unter Leitungswasser (!) kurz abspülen und von überflüssigem Aufwuchs befreien

✳ Algen in Handwaschbecken oder flacher Schale unter Wasser (Leitungswasser) auf Papierbögen legen (DIN A 4 bis A 6), langsam aus dem Wasser herausziehen und Verzweigungen dabei mit feinem Malpinsel oder Pinzette ordnen

✳ Algen nur einlagig aufziehen. Zu dichte Verzweigungen ausdünnen und die bleibenden Teile flach ausbreiten

✳ Algenbelegte Papierbögen gut abtropfen lassen, auf Zeitungspapier legen und mit feinem Textilgewebe (Baumwolle, Gaze, Damenstrumpf o. ä.) bedecken und Lage Zeitungspapier darauf legen

✳ Unter mäßigem Druck (steinbeschwertes Brett o. ä.) pressen und nasse Zeitungszwischenlagen täglich ein- bis zweimal wechseln

Alles schön der Reihe nach

Gezeitenküsten sind echte amphibische Lebensräume, die im täglichen Rhythmus von Ebbe und Flut wechselweise dem Meer und dem Land zugewiesen werden. Obwohl die Küste der Grenzsaum ist, kann der genaue Grenzverlauf dennoch nicht exakt angegeben werden. Die Tiden stecken das Terrain zwischen Land und Wasser sozusagen minütlich neu ab. Was zur Ebbezeit ein Lebensraum mit vielen Eigenschaften eines Festlandbiotops war, verwandelt die auflaufende Flut wieder in einen typischen Unterwasserstandort. In einer so unzuverlässigen Umwelt ist das Leben gewiß nicht einfach. Tatsächlich kommen in der Gezeitenzone fast nur Spezialisten vor, die sich im Laufe ihrer Entwicklungsgeschichte hervorragend darauf eingerichtet haben, im täglichen Tidenrhythmus mindestens zweimal an die Luft gesetzt zu werden. Vom angrenzenden Festland wagen sich kaum irgendwelche Organismen in dieses schwierige Milieu vor, und auch aus der Dauerflutzone wird man so leicht keinen Repräsentanten finden. Die Lebensgemeinschaft der Gezeitenzone umfaßt Artenensembles, die nur hier ihren festen Platz haben.

Standort mit Sitzordnung

Wo der Wald zur Wiese wird und beide Pflanzenformationen mit gemeinsamem Saum aneinandergrenzen, wächst ein buntes Mosaik verschiedener Hochstauden, Strauchgehölze und Jungbäume. An einer felsigen Gezeitenküste finden wir dagegen immer ganz klare Verhältnisse. Hier treten die aspektbestimmenden Organismen nicht in zufälligen Mustern

auf, sondern nehmen horizontal gestaffelte Gürtel oder Bänder ein. Es ist wie im Theater: Bestimmte Gesellschaftsschichten findet man nur im Parkett, andere hingegen ausnahmslos auf den höheren Rängen. Als Platzanweiser wirken offenbar bestimmte Umweltfaktoren. Da die Gezeitenorganismen von der Niedrigwasserlinie bis zur Flutmarke in einer festgelegten Reihenfolge vorkommen, liegt wohl der begründete Verdacht nahe, die Gezeitenwasserstände könnten die Hand im Spiel haben.

Ein Blick auf den Zeitablauf einer Gezeit orientiert uns rasch darüber, daß zwischen oben und unten im Eulitoral gewaltige Unterschiede bestehen. Ein Organismus nahe der Niedrigwasserlinie schaut nur für relativ kurze Zeit aus dem Wasser – kaum hat die Ebbe ihn freigegeben, geht die nächste Flut wieder darüber hinweg. Im Bereich der Hochwassermarke sitzen die dort siedelnden Lebewesen erheblich länger auf dem Trockenen. Wenn die Tide ihren Sitzplatz geräumt hat, können bis zur nächsten Flutdusche sogar mehr als zehn Stunden vergehen. Daraus wird deutlich, daß vor allem der drohende Wasserverlust während der Ebbe und die Fähigkeit zu seiner Bewältigung bei verschiedenen Organismenarten wohl unterschiedlich ausfällt und somit automatisch die Sitzordnung in der Gezeitenzone festlegt. Natürlich sind am fertigen Sitzplan auch noch ein paar weitere Faktoren beteiligt, zum Beispiel die Konkurrenz der Arten untereinander (Fraßdruck) oder ihr Beharrungsvermögen gegenüber wildtosender Brandung. Auch ein vielfältiges Gerangel schafft letztlich Ordnung.

Tangzonierung. 1 Rinnentang, **2** Spiraltang, **3** Blasentang, **4** Knotentang, **5** Sägetang, **6** Fingertang.

Europaweite Hitparade

Vom Nordkap bis fast nach Gibraltar trifft man innerhalb der Gezeitenzone immer wieder auf die gleiche Reihenfolge bestimmter Leitarten unter den Makroalgen oder Tangen. Schon von weitem sind die einzelnen Arten vorbehaltenen Etagenwohnungen anhand der unterschiedlichen Färbungen der Tangbänder gut zu erkennen. Ganz zuoberst siedelt sich der Rinnentang mit seinen schmalen, olivbraunen Bändern an. Er muß an seinem Wuchsplatz die längsten Trockenzeiten überstehen. Ihm folgen eine Etage tiefer der Spiraltang und der charakteristische Blasentang. Dazwischen kann sich an vielen Küsten ein sehr breiter Gürtel des Knotentangs einschieben – der größten in der Gezeitenzone vorkommenden Tangart.

An Hafenmauern und Molen rücken die Wohngürtel der Felswattbewohner eng zusammen. Wellenexponierte (links) und geschützte (rechts) Flanken tragen unterschiedliche Besatzungen.

Tips für die Praxis

✳ Braune Tangarten aus der Gezeitenzone (vor allem Familie *Fucaceae*) unterscheiden lernen
✳ Zonierungsfolge aus einem Felswatt mit Aufwuchs an Hafenmole o. ä. vergleichen
✳ Brandungsoffenen und brandungsgeschützten Küstenabschnitt untersuchen
✳ Zunehmende Länge der verschiedenen Tange von der oberen Gezeitenzone bis hinunter zur Niedrigwasserlinie beachten

Hier geht es ziemlich locker zu

Obwohl sich die Kontinente an vielen Stellen mit eindrucksvollen Felsbastionen gegen das Meer stemmen, bestimmen doch Weichböden weithin den Untergrund des Meeres. Nicht nur kilometerlange Küstenabschnitte bestehen aus Kies, Sand oder Schlick, sondern auch der gesamte Meeresboden. Vom Helgoländer Felssockel abgesehen, gibt es nirgendwo in der Nordsee aufragende Felsriffe.

An Gezeitenküsten legt die Tide bei Ebbe die ufernahen Sandbänke oder Platen frei. Sonnenwärme und Wind trocknen die Oberflächen an – die Sandkörner werden haltlos und fliegen mit auflandigen Winden davon. So entstehen ausgedehnte, über Hochwasserniveau aufragende Sandstrände. Wasser, Wind und Wärme sorgen ständig für Nachschub. Nahe der Flutlinie schichtet der Wellenschlag das Lockermaterial ständig um. Daher können hier keine größeren Lebewesen Fuß fassen. Erst deutlich oberhalb der Flutmarke lassen die Turbulenzen nach, und sofort sind auch die Pflanzen zur Stelle: Strand-Quecken sind die Erstbesiedler. In ihrem Windschatten schlägt sich der Flugsand leichter nieder, so daß sich allmählich die niedrigen Wälle der Vordünen entwickeln.

Der Strand wächst über sich hinaus

Bald finden sich auf den Vor- oder Primärdünen weitere Gräser wie der Strandhafer oder der Strandroggen ein. Mit ihrem weitläufigen Wurzelwerk sichern sie die Sandaufwehungen, die sonst von herbstlichen Stürmen wieder eingeebnet würden, wirken aber gleichzeitig auch als Sandfänger, die die Düne zu einem wachsenden Sandberg aufbauen. Strandhafer ist dabei sogar übersandungsfest. Sollte er einmal unter besonders heftiger Zufuhr verschüttet werden, bildet er eine neue Wurzeletage und schiebt sich mit frischen Trieben wieder ans Tageslicht. Strandroggen erträgt die Übersandung weniger gut, ist aber als Sandfestiger und -fänger gleichermaßen wirksam.

Mit pflanzlicher Hilfe erhöhen sich die Vordünen beträchtlich und streben als steilkuppige Primärdünen sichtlich in die Höhe. Bis etwa zehn Meter Höhe kann die Primärdüne erreichen und wandelt sich dann allmählich zur Weiß- oder Sekundärdüne, durch deren noch lückige Pflanzendecke überall der weiße Sand hindurchleuchtet. Wo das pflanzliche Befestigungswerk nicht ausreicht, kann der Wind die Weißdüne im Luv auch wieder abtragen und ihr Baumaterial im Lee erneut absetzen. Auf diese Weise wandert eine noch nicht endgültig festgelegte Düne jährlich um Meterbeträge in Windrichtung.

Auch alte Dünen werden grau

Wo Pflanzenwuchs den Sand der Weißdüne bindet, sammelt sich mit der Zeit auch eine dünne Humushaut an, die sich mit Moos- und Flechtenaufwuchs gegen Verwehung schützt und andererseits auch etlichen weiteren Blütenpflanzen bessere Bedingungen bietet: Neben neuen Grasgestalten (Sand-Segge, Silbergras) kommen hier Sandglöckchen, Glockenblume, Echtes Labkraut und verschiedene Veilchen vor. Sanddorn und Kriech-Weide sind ebenfalls mit dabei. Die Bodenfarbe wechselt nunmehr zu Grau-

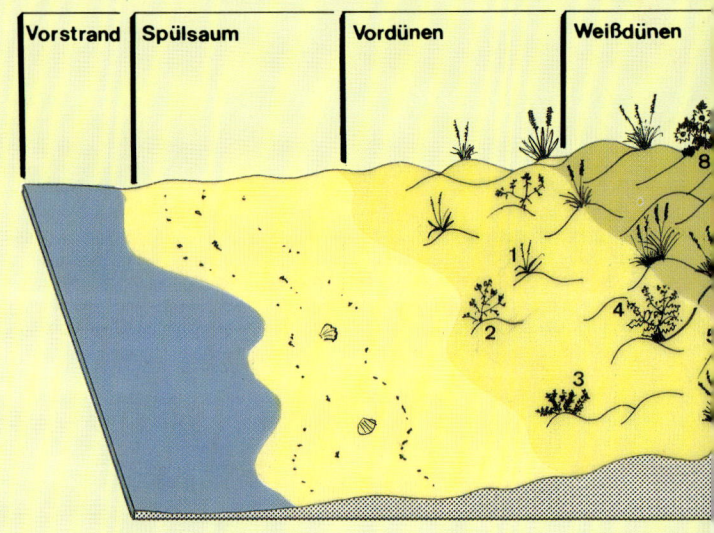

tönen, wirksam unterstützt vom hellen Graugrün der meisten Dünenpflanzen: Wir stehen jetzt in der Graudüne. Windanriß oder Zerstörung der Pflanzendecke durch Trampelpfade könnten hier immer noch Bewegung in die Szene bringen. Wir steigen deswegen auch nicht auf den Dünenkämmen herum und überlassen diese aus Sand gebaute Landschaft lieber den Bodenbrütern als ungestörten Lebensraum.

Sandstandorte serienweise

Unter dem dichteren Moos-, Rasen- und Gehölzbewuchs der Graudüne sammelt sich mit der Zeit weiterer Humus an, und abermals ändert sich das Pflanzenkleid – Zwergstrauchgesellschaften vollziehen nunmehr den Dichtschluß in der Pflanzendecke. Die verheidete Düne mit ihren ausgedehnten Besenheidebeständen und Krähenbeerenhorsten ist das vorläufige Endstadium einer

Szenenwechsel in den Dünen:
1 Strand-Quecke, 2 Kali-Salzkraut, 3 Strand-Salzmiere, 4 Meersenf, 5 Strandhafer, 6 Strandroggen, 7 Strand-Winde, 8 Stranddistel, 9 Sand-Segge, 10 Sandglöckchen, 11 Silbergras, 12 Kriech-Weide, 13 Sanddorn, 14 Dünen-Rose, 15 Besenheide, 16 Glockenblume, 17 Krähenbeere, 18 Glocken-Heide, 19 Sonnentau, 20 Moosbeere.

Tertiärdüne und wird wegen der vorherrschenden Farbeindrücke auch Braundüne genannt. Wo es der Wind zuläßt, könnte sich die Braundüne schließlich auch mit Birken und Kiefern bewalden. Sehr windoffene Dünengebiete bleiben dagegen auf Dauer waldfrei.

Nur zum Reinschauen, nicht zum Reingehen: Die tiefen Senken zwischen den Kuppen der Grau- und Braundüne, die langgestreckten oder rundlichen Dünentäl-

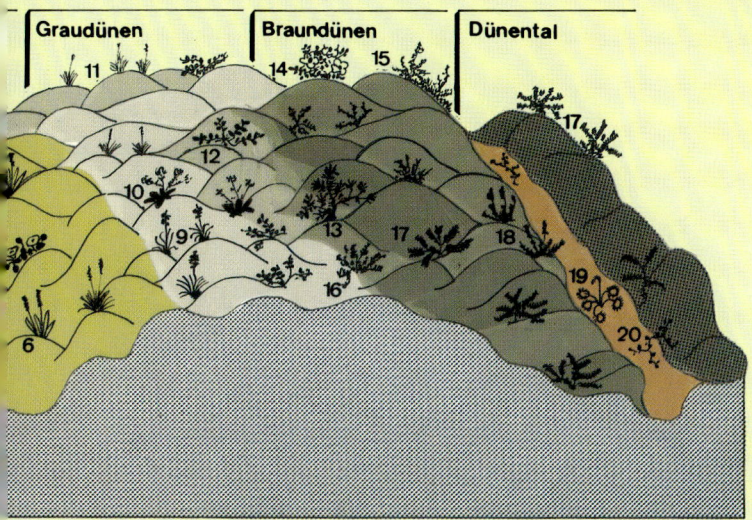

chen, entwickeln sich mitunter zu hochinteressanten Feuchtgebieten mit richtigen kleinen Niedermooren.

Hier kommen Pflanzenarten vor, die man am Trockenstandort Düne zunächst einmal gar nicht erwartet. Der seltene Sumpfbärlapp wächst hier ebenso wie der Rundblättrige Sonnentau. Dessen höchstens münzgroße, purpurrot überlaufene Blätter tragen zahlreiche haarartige Auswüchse, die man Fangtentakel nennt. Sie sondern einen äußerst zähen Schleim ab, der in der Sonne wie frischer Tau glitzert, von Kleininsekten aber für Nektar gehalten wird – ein tödlicher Irrtum, denn sie kommen von der ausgelegten Leimrute nicht mehr los.

Eigentlich sollte man es nicht einmal seinen besten Freunden erzählen: In den Dünentälchen kommen sogar einheimische Orchideen vor, darunter beispielsweise die duftende Strandvanille oder das Fleischfarbene Knabenkraut. Wie alle Moore sind auch die Feuchtlebensräume der Dünentälchen außerordentlich trittempfindlich und sollten deshalb unbedingt eine abgeschiedene Welt für sich bleiben. Ein handliches, aber leistungsstarkes Fernglas kann hier auch beim Botanisieren hervorragende Dienste erweisen – bis hin zur zerstörungsfreien Feststellung des letzten Sonnentau-Menüs.

Tips für die Praxis

∗ Anpassungsmerkmale der Weißdünenpflanzen gegen Wasserverlust und Sandstrahlgebläse untersuchen
∗ Artenfolge von der Vordüne bis zur Braundüne beobachten
∗ Dünengräser kennenlernen
∗ Kleintierleben zwischen den Dünenpflanzen beachten (Laufkäfer, Spinnen, Ameisen u.a.)

Bunte Blumen mitten im Meer

Von den unzähligen Prachtformen des Meeres bleiben dem Strand- und Klippenkraxler die meisten verborgen. Die farbenfrohen Blumentiere *(Anthozoa)* aus der Gruppe der Hohltiere aber wagen sich bis über die Grenze der Niedrigwasserlinie vor und können deshalb auch bei niedrigen Wasserständen mühelos beobachtet werden. Ihrem Namen machen diese Tiere (!) alle Ehre. Wie eine große Blüte erhebt sich über ihrem zylindrischen Rumpf rund um eine Mundscheibe ein großer und vielfältig gestalteter Tentakelkranz, der im ausgebreiteten Zustand an eine große Blüte erinnert. Zur Stützung der Außenwand sind lediglich zahlreiche Teilwände in den großen Verdauungsraum einbezogen. Die Fußscheibe kann entweder als Grabfuß oder als eine flache Haftscheibe entwickelt sein, mit der sich die Tiere sehr fest am Untergrund verankern. Bei ungünstigen Bedingungen besteht allerdings auch immer die Möglichkeit, auf dieser Sohle davonzuwandern oder sich einfach loszulösen, um davongetrieben zu werden.

Als festsitzende Formen bleibt den Blumentieren nichts anderes übrig, als auf mögliche Beute zu lauern, die zufällig vorbeikommt. Sobald ein kleiner Fisch, eine unachtsame Garnele oder ein vorbeihuschender Flohkrebs sich zu nahe an sie heranwagt, erfassen sie die Beute mit ihren Tentakeln und stopfen sie in die zentral in der Mundscheibe liegende Körperöffnung hinein. Zur Fixierung der Beute helfen ihnen winzige Nesselzellen. In diesen sogenannten Cnidocyten sind kleine Nesselkapseln enthalten, in denen ein Stilett und ein Fangfaden ruhen.

Die meisten Blumentiere leben auf festen Untergründen. Wer ihnen also auf die Spur kommen will, begebe sich vorzugsweise an tiefer gelegene Bereiche von Hafenmolen, Spundwänden und Felsklippen. Es lohnt sich auch immer, einen Blick auf die an den Felsküsten lebenden großen Tange und deren Wurzelkrallen zu werfen.

Rote Kuppeln

Die in der Gezeitenzone siedelnden Formen wird man bereits bei niedrigen Wasserständen in den zurückbleibenden Gezeitentümpeln finden. Dies ist der Lebensraum der Pferdeaktinie. Fällt sie frei, zieht sie ihren Tentakelkranz ein und hängt als schlaffer Sack an den Felsen; sobald sie jedoch

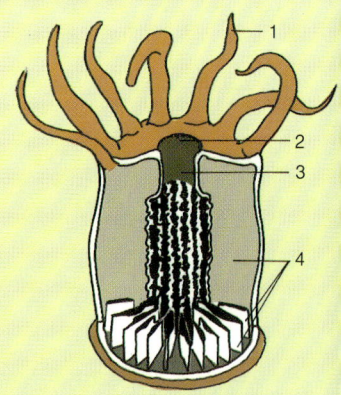

Bauplan einer Aktinie. Die feuerbereiten Nesselkapseln liegen in speziellen Zellen der Fangarm-Außenschicht. Leiseste Berührung bringt sie augenblicklich zum Abschuß. 1 Tentakel, 2 Mund und After, 3 Schlundrohr, 4 Trennwand.

Diese Pferdeaktinie (*Actinia equina*) ist im Begriff, sich zu teilen. Eine neue Tentakelkrone ist bereits entwickelt (links).

Untergetaucht macht die Pferdeaktinie ihrem Namen als Blumentier alle Ehre (rechts oben) …

… sobald sie jedoch freifällt, zieht sie ihre Tentakeln zurück und erscheint als schlaffer, unansehnlicher Sack.

überspült wird, breitet sie ihre Tentakelkrone aus. Häufig sitzen die Tiere in kleinen Pulks zusammen, doch nicht zu eng, weil sie sich sonst gegenseitig mit ihren blau irisierenden und rund um den Tentakelkranz sitzenden Randsäckchen nesseln würden. Zuweilen kann man beobachten, daß sich die Pferdeaktinien unge-

schlechtlich vermehren, indem sie zunächst einen zweiten Tentakelkranz inklusive Mundscheibe entwickeln und sich anschließend der Länge nach teilen.

Die Gärtnerin im Algenflor

Eine spektakuläre Art der (Zusatz-)Ernährung hat zweifellos die Wachsrose entwickelt. Sie lebt in größeren Gezeitentümpeln und Felsprielen inmitten vieler Pflanzen. In ihrem Körpergewebe speichert sie einzellige Algen, die ihr die grünliche bis bräunliche Färbung verleihen. Diese mikroskopisch kleinen Pflanzen versorgen die Wachsrose mit Kohlenhydraten und Fetten, die sie aus den Stoffwechselprodukten (Kohlendioxid, Wasser) der Wirtsrose unter Energiezufuhr durch das Sonnenlicht gewinnen. Das miteinander

dicht verwobene Zusammen-
leben dieser beiden Organismen
zum gegenseitigen Nutzen, wie es
die Wachsrose und ihre Zooxan-
thellen praktizieren, bezeichnet
man als Symbiose (Endocyto-
biose).
Die Wachsrose kann sich auch als
Beutegreifer ernähren. Die Berührung der mit Nesselkapseln bewehrten Tentakel kann bei haut-
empfindlichen Menschen leichte
Verbrennungen hervorrufen.

Tips für die Praxis

✳ Niemals Blumentiere vom Untergrund ablösen! Verletzungsge-
fahr!
✳ See- und Pferderosen mit den
Fingern zart streicheln! Klebzel-
lenwirkung kennenlernen

Keine Seerose der heimischen Gewässer ist in ihren Farben so variabel
wie die Dickhörnige Seerose (*Urticina
felina,* oben).

Grün wie eine Pflanze: Die Farbe der
Wachsrose (*Anemonia viridis*) rührt
tatsächlich von eingelagerten Algen
her (S. 67 oben).

Ausschnitt aus der Tentakelkrone der
Wachsrose (S. 67 unten links).

Licht ist rar. Um ihre Algen zu einer
möglichst hohen Produktivität anzu-
halten, werden die Arme alle dicht
gepackt direkt unter der Wasseroberfläche postiert (S. 67 unten rechts).

✳ Seerosen wahlweise mit Mu-
schelfleisch und Schalenstück-
chen füttern. Reaktion abwarten

Neptuns Ritter

Krebse gehören zu den bleibenden Eindrücken eines Küstenaufenthaltes. Ob in der Speisekarte des nächstgelegenen Fischrestaurants, im Beifang der Fischer oder im Angespül des Strandes, überall begegnen uns die mit einem harten Chitin-Panzer nach außen hin bewehrten „Ritter des Neptun" oder zumindest Teile von ihnen. Eine kleine Krebs-Safari kann bereits im Anwurf am Strand beginnen.

Krabbelnde Krabben im Algenflor

Mit den Tangen werden auch häufig Kleinkrebse angetrieben, die normalerweise in unmittelbarer Nachbarschaft mit den Algen leben. Dazu gehört der Gespensterkrebs, der in seiner Gestalt überhaupt nicht an die eng verwandten Strandflöhe erinnert. Er lebt in Gesellschaft von Algen oder Polypenkolonien und verharrt dort stocksteif, als wäre er ein kleiner Ast. Kommt eine ahnungslose Beute vorbei, wird sie blitzschnell mit einem kräftigen Scherenpaar gegriffen und verspeist. Das Schwimmen haben diese Krebse fast völlig verlernt. Auf den Algen aber sind sie gewandte Kletterer und bewegen sich spannerraupenartig fort. Auch die Meeresasseln tragen an den Beinen kräftige Klauen, um nicht von der Strömung fortgerissen zu werden. Sie leben überwiegend vegetarisch. Um nicht zu

Ein Gespensterkrebschen (*Caprella linearis*) verharrt bewegungslos im Algenwald und wartet auf Beute (oben).

Meeresasseln (*Idotea*) treten in vielen Farben und Mustern auf (unten).

Der flach gebaute Furchenkrebs *(Galathea)* verschwindet bei Gefahr in fast jeder schützenden Höhle (oben).

Ein Pärchen des berühmten Muschelwächters (*Pinnotheres pisum,* Männchen ganz klein) ist in einer Pferdemuschel aufgespürt worden (Mitte).

Eine Strandkrabbe (*Carcinus maenas*) hat sich gerade gehäutet und hinterläßt den alten (kleineren) Panzer (unten).

sehr aufzufallen, passen sie sich in den unterschiedlichsten Farbvarianten der Umgebung an.

Panzertier mit Schwachstellen

Während kleine Asseln nur bei einem gezielten Blick ins Auge fallen, läßt sich die Strandkrabbe oder Dwarslöper, wie sie auch von den Küstenbewohnern genannt wird, kaum übersehen. Ob im Wattenmeer, auf Muschelbänken und Felsklippen, überall kann man sie beobachten. Wird sie einmal aufgestöbert, so hält sie in drohender Gebärde dem Angreifer ihre Scheren entgegen und läuft seitwärts davon.

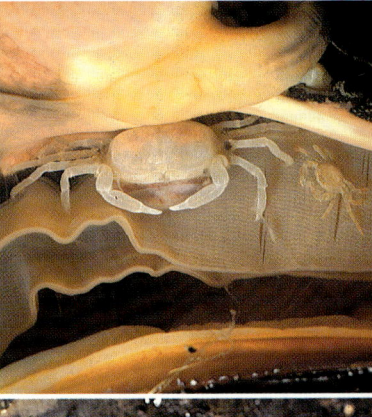

Zuweilen kann man im Angespül leere Panzer der Strandkrabbe finden. Das liegt daran, daß die äußere Haut der Tiere nicht mit dem Inneren mitwächst und deshalb regelmäßig abgeworfen werden muß. Unter ihr hat sich dann jedoch bereits ein neuer, wenn auch noch sehr weicher Panzer gebildet. Frisch gehäutete Tiere bezeichnet man deshalb auch als „Butterkrebse". Sie pumpen sich sofort mit Wasser voll, weiten dadurch den neuen Panzer und wachsen so binnen kürzester Zeit sprunghaft weiter.

Ein enger Verwandter der Strandkrabbe ist der Taschenkrebs. Die im Rückenpanzer bis zu 30 cm

breiten Tiere bewegen sich viel behäbiger als ihre kleineren Verwandten und bleiben in ihrer Verbreitung auf felsige Untergründe beschränkt. Dort jedoch werden sie in Reusen und Körben gefangen, denn die großen Scheren, mit denen sie andere Krebse und Muscheln zertrümmern, sind schmackhaft und als Delikatesse begehrt. Dieses Schicksal bleibt den pfeilschnellen Furchenkrebsen erspart. Selbst einem Taucher gelingt es kaum einmal, die wendigen Tiere zu erwischen. Mit blitzschnellen Ruderbewegungen ihres untergeschlagenen Hinterleibes entkommen sie mühelos in Ritzen und flache Nischen.

Eigenheim für Krebse

Eine solch eilige Flucht hat der Einsiedlerkrebs überhaupt nicht nötig! Er lebt in einem leeren

Bei Niedrigwasser haben sich diese beiden Taschenkrebse (*Cancer pagurus*) in den Schichthöhlen des Helgoländer Felswatts zurückgezogen.

Schneckenhaus, zieht sich bei Gefahr einfach in dieses zurück und verschließt mit seinen kräftigen Scheren die Öffnung. Das feste Schneckengehäuse hat der Krebs auch bitter nötig. Sein Hinterende nämlich bleibt das ganze Leben hindurch weichhäutig und empfindlich für Angriffe.
Eine noch komfortablere Wohnlösung hat die Erbsenkrabbe gefunden. Sie lebt in der Mantelhöhle von Muscheln und kann sich sogar von dem ernähren, was ihr Wirt eigentlich für sich selbst hereinstrudelt und an den Kiemen abfiltriert. Mit ihren zarten Scheren schabt sie vorsichtig die

Seine Schneckenschale trägt der Einsiedlerkrebs (*Pagurus bernhardus*) wie
die vormalige Bewohnerin immer bei
sich.

Oberfläche der blattartig erwei-
terten Muschelkiemen ab und
nimmt so als ungebetener Gast
am Mahl des Wirtes teil. Die
Weibchen erreichen im Vergleich
zu den Männchen eine enorme
Größe. Der Panzer wird kugelig
rund, um keine verletzenden
Kanten für die Muscheln zu bieten, die Extremitäten bleiben im
Wachstum zurück. Da man die
Männchen häufiger auch am
Rande des Mantelrandes beobachtet, bezeichnet man sie auch
als „Muschelwächter". Der größte heimische Krebs, der Hummer, ist über solche Schutzmaß-
nahmen völlig erhaben. Bei einer

Körperlänge von bis zu 50 cm
fürchtet dieser große Schwanz-
krebs nur noch einen Feind: den
Menschen, der ihn wegen seines schmackhaften Fleisches in
Hummerkörben fängt. Ehe die
Tiere allerdings zu so stolzer Größe heranwachsen, vergehen Jahr-
zehnte.

Tips für die Praxis

✻ Niemals lebende Krebse mit
nach Hause nehmen; sie sterben
schnell und sinnlos
✻ Beim Verzehr von Krebsen
deren Hülle und Gelenkigkeit
studieren
✻ Am Strand nach leeren (abge-
worfenen) Krebspanzern suchen
(stinken nicht!)
✻ Bei Strandkrabben und Ein-
siedlern mit einem Stöckchen
vorsichtig deren unterschiedliche
Abwehrreaktionen provozieren

Von großen und kleinen Fischen

Zum Bild der Küste gehören ganz sicher auch idyllische Kutterhäfen mit dem typischen Fischgeruch, mit dem Tau- und Netzwerk, das sich scheinbar ungeordnet auf dem Deck der Schiffe ausbreitet, und den Möwen, die nach einem Happen des Fangs Ausschau halten. Die Fischerei ist eines der ältesten Gewerbe der Menschheit, und gerade die heimischen Küsten sind von jeher ein ausgesprochen ertragreiches Fanggebiet gewesen. Das von wirbellosen Tieren nur so strotzende Wattenmeer bietet beste Voraussetzungen für die Schleppnetzfischerei. Eine schwere Rollenkette wird über den flachen Boden hinweggezogen. Die aufgescheuchten Grundfische verirren sich anschließend in dem durch breite Scherbretter offengehaltenen Netz. Zartere Fanggeschirre dieser Art benutzen die Krabbenfischer, wenn sie „auf Sandgarnele (auch „Krabbe" oder „Granat" genannt) gehen". Wer besonderes Interesse an der Fischerei und am angelandeten Fang hat, der sollte sich bereits frühmorgens zum Hafen aufmachen, wenn die Fischereifahrzeuge vom nächtlichen Fang einlaufen und ihre Ladung löschen. Heimische Küstenfänge bestehen hauptsächlich aus Dorsch, verschiedenen Plattfischen, wie z. B. Scholle und Seezunge, oder auch mal vereinzelten Knurrhähnen. Wer viele der großen, fischereilich genutzten Arten nebenein-

Der unersättlichste aller „Raubfische" auf Beutezug: der Mensch (links).

Wenn sie sich nicht gestört fühlen, schwimmen Schollen (*Pleuronectes platessa*) auch durchs freie Wasser (oben).

Unser häufigster Speisefisch: der Dorsch (*Gadus morrhua,* Mitte).

Nach dem Fang werden die Fische noch vor Ort ausgenommen und für den Weiterverkauf verpackt (unten).

ander kennenlernen will, sollte sich auf einen der Fischmärkte begeben, auf denen im großen Stil mit Fisch gehandelt wird. Dicht an dicht stehen dort in großen Hallen die Kunststoffwannen mit den Fängen, die aus den Fischereigründen rund um die Küsten des Nordatlantiks stammen. Meeraal, Seeteufel, Seehecht, Thunfisch, Marlin und Schalentiere werden dort in riesigen Mengen umgeschlagen.

Fische im Tangwald

Erheblich formenreicher als auf dem eintönigen Boden des Wattenmeeres, den unterseeischen Sandböden und im freien Wasser geht es in den Algenwäldern der Felsküsten zu. Die Fische, die hier leben, sind zwar in der Regel relativ klein, sie zeichnen sich dafür jedoch durch unkonventionelle Formen und Farbgebungen aus.
Einer der auffälligsten Fische felsiger Bereiche begegnet uns besonders in den Frühlingsmonaten. Der Seehase lebt eigentlich in tieferen Bereichen des Meeres, zur Eiablage aber kommen Männchen und Weibchen gemeinsam an die Oberfläche. An den Wurzelkrallen der Tange

oder direkt am Fels wird das Gelege abgesetzt und fortan so lange vom Männchen beschützt, bis die kleinen Fischlarven aus den Eiern schlüpfen. Mit dem am Bauch sitzenden Saugnapf heften sich die Männchen während dieser Zeit fest an den Untergrund und verlassen das Gelege auch dann nicht, wenn sie durch extreme Niedrigwasserstände trockenfallen. Nicht selten sterben die Männchen vor Erschöpfung und werden dann am Strand angetrieben. Ein deutlich kleinerer, aber ständiger Bewohner des Algenwaldes ist der Butterfisch. Seine geringe Größe, die schlanke Gestalt und die schleimige, schuppenlose Haut erlauben es ihm, während der Zeit des Trockenfallens für längere Perioden in kleinen Pfützen und Gezeitentümpeln auszuharren. Selbst wenn diese einmal völlig trockenfallen sollten, bedeutet das für ihn noch nicht den sofortigen Tod. Besonders grimmig schauen die weit verbreiteten Seeskorpione drein. Die Kiemendeckel und Flossenstrahlen dieser Fische sind mit zahlreichen Giftstacheln besetzt. Die flache und dem Bodenrelief perfekt angepaßte Oberflächenkontur begünstigt eine optimale Tarnung.

Sandaale (*Ammodytes*, hier im Angespül) werden zunehmend zu Fischmehl verarbeitet. Sie bilden auch eine wichtige Nahrungsgrundlage für Alkenvögel (oben).

Ein Seehasen-Weibchen (*Cyclopterus lumpus*) ist aus der Tiefe aufgestiegen und begibt sich zur Eiablage ins Flachwasser (Mitte).

Ein Seehasen–Männchen ist vor Erschöpfung gestorben und an den Strand gespült worden (unten).

Als wär's ein Stück von ihr

Direkt zwischen den Algen leben die Seenadeln. Ihre extrem schlanke Gestalt läßt den Betrachter an ein Blatt oder einen Stiel denken. Wie alle spezialisierten Besiedler des Algenwaldes befürchten die Seenadeln nichts so sehr, wie von der Strömung fortgetrieben zu werden. Deshalb schlingen sie ihr elastisches Hinterende häufig rund um die Algen und bleiben so in jeder Situation nicht nur geschützt, sondern auch in ihrem Lebensraum fest verankert.

Tips für die Praxis

* Aufgestöberte Kleinfische in den Gezeitentümpeln vorsichtig in ein großes Becherglas locken, anschließend beobachten; auf den rhythmisch wedelnden Kiemendeckel und korrespondierende Bewegungen des Maules achten; anschließend sofort wieder freilassen
* Angespülte Gelege unter der Lupe betrachten, festsitzenden Laich niemals abreißen
* Heimkehrende Fischer nach „wertlosem" Beifang fragen, so lernt man am besten Fische bestimmen

Der Butterfisch (*Pholis gunnellus*) gehört zu den häufigsten Fischen in den Gezeitentümpeln (oben).

Der Seeskorpion (*Myoxocephalus scorpius*) wirkt durch seine Form wie ein Überrest aus Saurierzeiten.

Die Seenadel *(Syngnathus)* ist im Gewirr der Algen und Seegraswälder durch ihre schlanke Form optimal getarnt (unten).

Feuerkuppeln – naß und kalt

Quallen! Vielen von uns laufen da unvermittelt unangenehme Schauer über den Rücken. Ob diese Tiere nun in Schwärmen im Wasser umhertreiben oder an den Strand getrieben werden, für viele ist damit ein so starker und undefinierbarer Ekel verbunden, daß es schwerfällt, sie zu berühren.

In einigen wenigen Fällen ist diese Vorsicht tatsächlich auch berechtigt, meistens aber ist ein Kontakt mit ihnen völlig harmlos. Wer jemals eine Qualle aus der Sicht des Tauchers im fahlen Blau des Wassers hat treiben sehen, wenn sich der Rand des kuppelartigen Schirmes in rhythmischen Bewegungen zusammenzieht und wieder weitet, wird sich kaum etwas Anmutigeres oder ästhetisch Vergleichbares vorstellen können. Solche Schönheit ist den Kennern der Materie wohlbekannt: Nicht ohne Grund trägt das älteste deutsche Meeresforschungsinstitut, die Biologische Anstalt Helgoland, eine Kompaßqualle in ihrem Wappen.

Etwa 98 Prozent einer solchen Meduse, wie Quallen auch genannt werden, bestehen aus Wasser. Das dürfte im Tierreich einsame Spitze sein. Mit einer anderen Kuriosität können die Schirmträger ebenfalls aufwarten. Sie durchleben in ihrer Entwicklung einen Generationswechsel, in dessen Verlauf sich zwei äußerlich völlig verschiedene Erscheinungsformen abwechseln. Wenn die getrenntgeschlechtlichen Quallen ihre Ei- und Samenzellen ins freie Wasser abgeben und diese verschmelzen, entsteht zunächst über den Umweg einer Wimpernlarve *(Planula)* ein kleiner, am Boden festsitzender Polyp, der in seiner Organisation den Blumentieren (S. 64 ff.) sehr ähnlich ist. Das ist nicht verwunderlich, denn beide Gruppen sind sehr eng verwandt. Diese nur wenige Millimeter hohe Folgegeneration schnürt ihr Oberteil stetig ab und erzeugt so auf ungeschlechtlichem Wege zahlreiche kleine frei schwimmende Ephyra-Larven, die ihrerseits wieder zu einer großen Meduse heranwachsen. Damit schließt sich der Kreis. Fast alle großen Medusen, die wir an den europäischen Küsten antreffen, entwickeln sich nach diesem Schema, aber es gibt auch Ausnahmen; und eine von ihnen ist schon deshalb erwähnenswert, weil man sie als „echt ätzend" beschreiben kann und große Vorsicht vor ihr geboten ist.

Das nasse Feuer

Die Portugiesische Galeere ist in Wirklichkeit eine mit den Medusen nur weitläufig verwandte freischwebende Polypenkolonie, die sich im Laufe ihrer Entwicklung eine Schwimmblase als Treiborgan und damit das Aussehen einer Qualle angeeignet hat. Dieser so harmlos erscheinende Polypenstaat zieht bis zu 30 m lange und mit giftigen Nesselkapseln gespickte Fäden hinter sich her, die beim Menschen nach Berührung schwere Verbrennungen verursachen. Selbst die am Strand angespülten Tiere behalten diese Wirkung noch tagelang. Bei ihr sind sogar einige Todesfälle belegt. Vorsicht ist auch vor Blauen und Gelben Haarquallen geboten. Besonders die gelborange Form wird im Volksmund nicht umsonst „Feuerqualle" genannt, denn auch bei ihr kann es bei Berührung der feinen Tentakel zu unangenehmen Reizungen der Haut kommen. An den heimischen Küsten kommt diese Art glücklicherweise sehr selten vor. Wieviel harmloser ist da die bei uns überall weit verbreitete Ohrenqualle. Ihre Nesselkapseln durchschlagen die menschliche Haut nicht, und eine Berührung ist deshalb völlig ungefährlich.

Netzfänger

Einen Seitenzweig im Reich der Quallen stellt auch die Seestachelbeere dar, die während der Sommermonate häufig in riesigen Schwärmen angespült wird. An ihrer Außenseite befinden sich acht vom Scheitelpol zum Mundfeld verlaufende Rippen, die dicht mit schlagenden Wimpernbändern besetzt sind und für den Auftrieb sorgen. In zwei seitlichen Taschen halten die bis zu 3 cm langen Tiere jeweils einen sehr langen und weit verzweigten Tentakelarm verborgen. Im ungestörten Zustand wird dieses Paar wie ein Netz im freien Wasser ausgebreitet. Kleine Planktonorganismen verfangen sich darin und werden mittels Klebzellen festgehalten. In regelmäßigen Abständen streift die Seestachelbeere ihre Fangarme am Mund ab

Vorsicht: diese gestrandete Portugiesische Galeere (*Physalia physalis*) kann auch jetzt noch starke Verbrennungen hervorrufen (oben).

Bei gestrandeten Ohrenquallen *(Aurelia aurita)* lassen sich die vier hufeisenförmigen Geschlechtsorgane („Ohren") gut erkennen (Mitte).

Die Stielquallen (*Craterolophus convolvulus*) sitzen vornehmlich auf großen Tangen in der oberen Dauerflutzone. Um sie zu entdecken, bedarf es schon eines scharfen, geübten Blickes.

und sammelt so die verdaulichen Anteile heraus.

Das jähe Ende

Jedes Medusenleben dauert in der Regel nur einen Sommer. Trotz ihrer Grazie und ihrer (begrenzten) Möglichkeit, die Schwimmrichtung selbst zu bestimmen, werden sie irgendwann an die Strände gespült und vergehen dann binnen weniger Tage.

Tips für die Praxis

✳ Unbekannte Quallen im Spülsaum nicht berühren! Verbrennungsgefahr!
✳ Schirme von Kompaß- oder Blauen Haarquallen auf Kreide oder andere saugfähige Steine legen und im Schatten langsam trocknen; ein ganz besonderes Souvenir

Schwimmende Kompaßquallen (*Chrysaora hysoscella*) wirken in der Strömung graziös und majestätisch (oben links).

Einmal angespült verlieren sie ihren fremden Reiz, auch wenn ihre charakteristische Färbung noch nicht sofort verblaßt (oben rechts).

Vor der Gelben und Blauen Haarqualle (*Cyanea capillata, C. lamarckii*) sollte man sich hüten: Bei Berührung kann sich der Mensch verbrennen (S. 79 oben).

Die kräftigen Wurzelmundquallen liegen oft tagelang am Strand, bis sie sich langsam zersetzen (S. 79 unten links).

Seestachelbeeren (*Pleurobrachia pileus*) werden in riesigen Schwärmen an den heimischen Stränden angeschwemmt (S. 79 unten rechts).

Herbst

Salz macht manche Wiese bunt

Wo das Festland dem Meer mit flachem Winkel entgegenläuft, wo Tiden und Flußmündungen große Mengen Feinteilchen herangeschleppt und zu feinem Schlick abgesetzt haben, ist nicht der rechte Platz für Algen und Tange. Weil die tonigen Teilchen des fetten Schlicks außerordentlich zäh zusammenhalten und vom Wind nicht wie die Sandkörner der Dünenküsten über Land getrieben werden, wachsen außendeichs die Wiesen förmlich ins Meer hinaus. Auf den ersten Blick unterscheidet sich solches Außendeichgrünland vielleicht noch nicht allzu deutlich von einer konventionellen Weide oder Futterwiese. Aber knabbern Sie doch einmal ein wenig auf einer Wiesenpflanze vom Flutsaum herum. Den Ökofaktor, der an diesem besonderen Standort die Szene beherrscht, kann man nämlich schmecken: Salz.

Von den winterlichen Streusalzattacken gegen Vorgartensträucher und Straßenbäume ist seit langem bekannt, daß Landpflanzen gegen Einpökeln extrem empfindlich sind. Salz ist für ihren Stoffwechsel ein schweres Gift, gegen das sie ziemlich machtlos sind. Organschäden oder Totalausfall sind die Folgen.

Ganz anders dagegen die Pflanzen der Küstenwiesen, der Groden und Heller: Schon bei einer normalen Flut versinken große Teile des Grünlandes im Meerwasser. Erst recht wird der Boden massiv mit Meersalz imprägniert, wenn das Flutwasser fast zur Deichkrone hochreicht. Offensichtlich haben sich die Pflanzen der Gezeitenwiesen auf die tägliche Salzfracht eingerichtet, und in der Tat wachsen hier im Gegensatz zu Binnendeichwiesen nur

salzfeste Spezialisten. Halophyten heißen diese Sonderlinge, die am salzbeladenen Problemstandort allen anderen Konkurrenten überlegen sind.

Gestalten wie in Wüstenzonen

Ganz oben am Deich fallen die Unterschiede noch nicht auf. Hier wachsen vertraute Arten wie Hornklee und Wiesen-Klee. Etwas weiter in Richtung Strandlinie kommen jedoch zunehmend Pflanzen mit dicklichen, ledrigen oder rundlichen Blättern vor: Der Strand–Wegerich zeigt wenig Ähnlichkeit mit dem Spitz-Wegerich von der Wirtschaftswiese, und auch die Strandnelkenpolster unterscheiden sich sehr von typischen Wiesenpflanzen. Wir stehen in der Oberen Salzwiese, auch Strandnelkenwiese oder – nach den vorherrschenden Grasgestalten – Rotschwingel- bzw. Bottenbinsenwiese genannt.

Gehen wir ein Stück weiter zum Watt. Jetzt fallen die Verästelungen der Priele in den Blick, in denen die Gezeiten ihre Wasserströme bewegen. Die Prielränder säumen die Gebüsche der Salzmelde und die Hochstauden von Salz-Aster und Strand-Wermut – allesamt Pflanzen mit kleinflächigen, dicklichen und salzführenden Blättern. Bei Salz-Schuppenmiere, Milchkraut und Salzmiere sind die Blattgebilde nochmals ein paar Nummern kleiner. Alle diese Pflanzen gehören in die Untere Salzwiese oder den Andelrasen. An seinen höhergelegenen Stellen liegen die bevorzugten Wuchsorte des Halligflieders – im spätsommerlichen Blühaspekt ein absoluter Hochgenuß für die Augen.

Noch kleiner werden die Blattor-

Mit heftigem Erröten sorgt der formenreiche Queller (*Salicornia europaea*) in den Spätsommer- und Herbstwochen für eindrucksvolle Farbspektakel.

gane der Salzpflanzen im anschließenden Quellerwatt, das von jedem Flutstand erreicht wird. Bei der Strand-Sode sind sie nur noch als fleischige, kurze Zipfel entwickelt. Beim Queller, der namengebenden Pflanzenart dieser Flur, findet man nur noch Blattandeutungen. Die eigentlichen Aufgaben der Blätter übernehmen in diesem Fall die knakkig angeschwollenen Achsen und Zweige. Wie ein Kandelaberkaktus sieht eine Quellerpflanze aus, und diese Gestalähnlichkeit mit Halbwüstenpionieren kommt durchaus nicht von ungefähr.

Salz laden und löschen

Die sonderbare Halophytengestalt hängt offensichtlich mit der Salzbefrachtung des Standortes zusammen. Je häufiger die Salzflut über die Pflanzen und ihren Wuchsplatz hinweggeht, um so mehr passen sie sich gestaltlich dem Salzstreß an. Das Schlüsselproblem in diesem Zusammenwirken ist die Wasserversorgung. Wollte eine Salzpflanze mit ihren Wurzeln nur das Wasser des Marschbodens und nicht die darin gelösten Meersalze aufnehmen, wäre sie rasch am Ende. Nach einem sehr einfachen physiko-chemischen Gesetz kann Wasser nämlich nur in Richtung höherer Salzkonzentration fließen. Aus Gründen der geregelten Wasserversorgung müssen die Halophyten sogar immer etwas mehr Salz enthalten als ihre

Umgebung. Um jedoch nicht Unmengen davon aufnehmen zu müssen, gehen die Salzspezialisten mit dem Wasser äußerst sparsam um. Dies allein erklärt ihre wassersparenden Umbauten im Blattbereich – vom verdunstungsmindernden Lederblatt (Halligflieder) bis hin zur Stammsukkulenz beim Queller. Obwohl sie mit den Wurzeln im sehr nassen Wattboden stecken und häufig überflutet werden, verhalten sich die Halophyten ökologisch wie Wüstenpflanzen unter Wasserstreß.

Manche Arten aus der buntblumigen Salzwiese können ihren Salzgehalt in gewissen Schranken regulieren. Sie schicken die Salzfracht in Blätter und werfen diese einfach ab. In Schüben neu angelegte Blätter stellen gleichzeitig immer wieder neuen Speicherraum für das Salz der Erde zur

Priele ziehen weit in die Salzwiesen und Marschen hinein. Zweimal täglich ändern diese Salzwasserströme ihre Fließrichtung (oben).

Die Blühwellen des Halligflieders (*Limonium vulgare*) reichen bis in die Frühherbstwochen hinein (Mitte).

Die Salzmelden (*Halimione portulacoides*) der Prielränder sind Halbsträucher, gleichsam verkleinerte Versionen der tropischen Mangrovegehölze (rechts).

Verfügung. Andere Salzpflanzen stoßen nicht gleich die gesamten Blätter ab, sondern trennen sich nur von ihren total versalzenen Haaren. Der Halligflieder handhabt es ganz ähnlich wie wir – er schwitzt den Salzüberschuß an der Oberfläche aus. Besonders

nach heißen, trockenen oder windigen Tagen kann man die feinen, weißen Salzansammlungen von seinen Blattoberflächen wegwischen.

Der in Massen und unterschiedlichen Wuchsformen im Watt siedelnde Queller hat keinerlei Möglichkeiten zur Regulation seines Salzhaushaltes. Da er ohnehin einjährig ist, kann er darauf wohl auch verzichten. So belädt er seine fleischigen Achsen und Zweige mit Meersalz, bis er buchstäblich umfällt. Wenn das Ende der Salzsaison naht, verabschiedet er sich mit einem unglaublichen Farbenzauber. Das Watt erglüht förmlich in feurigem Karminrot. Später löst der Flutstrom die Kapselfrüchte aus den Stengeln und besorgt die Aussaat für die nächste Saison, die allerdings erst im Frühjahr des Folgejahres mit der Keimung beginnt.

Eine Salzwiese in Vollblüte zu erleben, ist gar nicht so einfach. Vielfach weiden Schafe auf den Außendeichflächen und halten die Salzpflanzen streichholzkurz. Der Verbiß fördert die Verdichtung der Grasnarbe und schützt somit die Außendeiche vor dem Flutangriff, läßt aber keine bunten Blühaspekte mehr zu. Die blumige Naturwiese verkommt zur eintönigen Salzweide, die wie ein Vorstadtrasen aussieht. Viele Salzwiesen sind zudem durch Abdeichungen verlorengegangen.

Tips für die Praxis

* In Salzwiesen keine Blumen pflücken!
* Geschmackstest bei verschiedenen Halophyten
* Blattgestalten und -größen vergleichen

85

Tange, Tiere, Turbulenzen

Die landschaftlichen Unterschiede zwischen einer Felsküste und einer Weichbodenküste mit vorgelagertem Sandstrand oder Schlickwatt könnten gar nicht größer ausfallen. Mit beeindruckender Großartigkeit bauen sich vor allem die Felsküsten vor uns auf: Jede eingeschnittene Bucht ist ein neues Amphitheater, in dem man gleichsam an vorderster Front entdecken kann, wie das Leben so spielt. Kein Teilabschnitt dieser Naturbühne gleicht dem anderen. Während an Weichbodenküsten zwischen den Tidemarken fast gradgenau die gleichen flachen Neigungswinkel auftreten, fallen die Felsklippen ganz unterschiedlich ein. Mal stürzen sie senkrecht wie Mauern zum Meer, mal sind viele Ränge, Stufen und Ebenen eingeschaltet. So sehr solche Unterschiede das Gesamterscheinungsbild einer Felsküste prägen, so wenig nehmen sie auf die Besiedlung mit Gezeitenorganismen Einfluß. Für Muscheln oder Algen ist es weitgehend unerheblich, ob sie einen Hänge- oder einen Liegeplatz einnehmen können. Viel entscheidender für die Zusammenstellung der Artenensembles sind Wellenaktion und Brandungsbelastung. An einer offenen, dem Wettergeschehen zugewandten Küste geht es zu wie in der Trommel einer Waschmaschine. Geradezu gemütlich ist es dagegen im Lee von Wind und Wellen.

Mit allen Wassern gewaschen

Die so auffällige Zonierung der Gezeitenbereiche, in denen von oben nach unten jeweils andere Arten in Erscheinung treten, bleibt auch an sehr exponierten Küsten erhalten. An luvseitigen, der Brandung offensichtlich im Wege stehenden Steilküsten reichen die Organismengürtel viel höher hinauf, als es nach den Tidenwasserständen zu erwarten wäre. Das pechschwarze Band mit der Krustenflechte *Verrucaria* erstreckt sich hier bis fast 20 m über die Springtiden-Hochwasserlinie. Man muß einen solchen Standort einmal an einem mäßig stürmischen Tag erleben, um zu ermessen, wie turbulent es hier zugeht. Krachend und klatschend werfen sich die Wellen gegen die Klippe und steigen in Spritzwasserfontänen Dutzende von Metern auf.

Heftig umschäumt aufgeregtes Wasser herumliegende Blöcke und Einzelfelsen. Es ist schwer vorstellbar, daß in diesem tosenden, ruhelosen Milieu überhaupt Lebewesen zurechtkommen. Und dabei besteht auch nicht nur das Problem, im Wildwasser auszuharren, sondern überhaupt erst Fuß zu fassen. Wie die winzigen Muschel- und Seepockenlarven die Ansiedlung schaffen, ohne gleich zerschlissen zu werden, ist ein Rätsel. Vermutlich sind die Verluste gewaltig.

Blick in die Extremistenszene

Wo der Wellenschlag ständig für Aufruhr sorgt, ist es den flächendeckenden, kompletten Tanggürteln einfach zu unruhig. Schon eine mäßige Exposition mit munterem Wellenschlag lichtet die Braunalgenbestände sichtlich auf und verschafft den Seepocken zusätzlichen Siedlungsraum. Sofern es dann am Standort nur noch hoch hergeht, gehört diesen Organismen das Terrain nahezu ausschließlich. Nur in der unteren Gezeitenzone behaupten sich ein

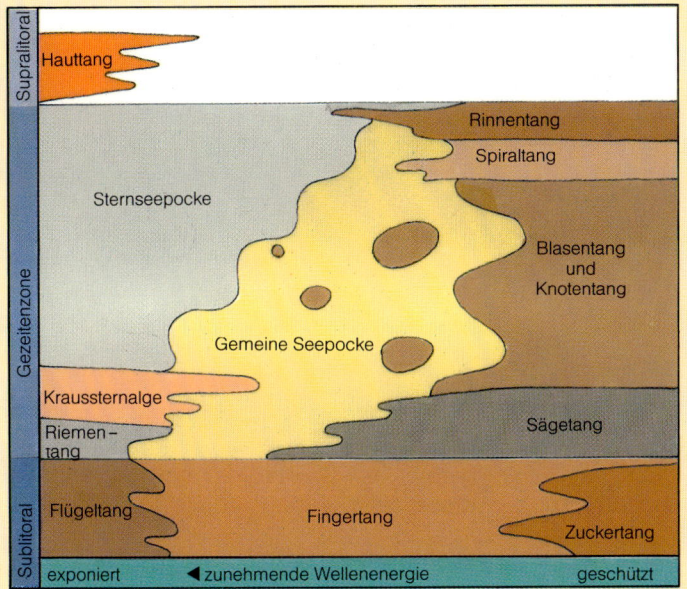

Supralitoral	Hauttang	
		Rinnentang
		Spiraltang
Gezeitenzone	Sternseepocke	Blasentang und Knotentang
	Gemeine Seepocke	
	Kraussternalge	Sägetang
	Riemen–tang	
Sublitoral	Flügeltang	Fingertang	Zuckertang
	exponiert ◄ zunehmende Wellenenergie	geschützt

Verschiedene Temperamente: Besiedlungsschema wellenexponierter und stärker geschützter Gezeitenküsten.

paar Brandungsalgen, darunter der knorpelig-zähe Krausssterntang oder der äußerst biegsame Flügeltang. Mit dem Besiedlungsbild einer geschützten Küste hat diese Extremistenszene überhaupt keine Ähnlichkeit mehr.

Standhafte Besatzungsmacht

An stärker bis mäßig exponierten Küstenabschnitten gibt es nicht nur wirklich festgewachsene Organismen, sondern auch solche, die nur so aussehen: Napfschnekken, die ihre Quartiere bis weit gegen die Flutmarke verlegen, verharren zur Ebbezeit völlig reglos auf ihrem Sitzplatz. Erst bei Überflutung suchen sie die Weidegründe auf, schlürfen mit ihrer rauhen Raspelzunge das Gestein ab und halten damit die fast unsichtbare Kleinstalgenrasen kurz.

Versuchen Sie doch einmal, eine Napfschnecke von ihrem Ruheplatz zu lösen – es gelingt nicht, denn blitzschnell saugt sich das Tier um so stärker fest und wird fast zur untrennbaren Einheit mit der Unterlage. Und noch erstaunlicher: Bis auf Millimeterbruchteile paßt der Schalenrand in jede winzige Unebenheit des Untergrundes. Beim Trockenliegen während der Ebbe kann die Napfschnecke rundum abschotten und Wasserverluste minimieren. Andererseits muß sie nach jedem Weidegang ihren angestammten Liegeplatz wiederfinden. Andere Gezeitenschnecken, zum Beispiel die artenreiche Strandschnecken-

Verwandtschaft, sind weniger ortstreu. Sollten sie einmal vom Stein fallen, können sie ihre Gehäuse mit einem Deckel verriegeln. Außerdem suchen sie in sehr brandungsoffenen Küstenabschnitten sehr gerne Vertiefungen oder Nischen im Gestein auf, um sich hier in den gefahrloseren Strömungsschatten zu begeben. Noch etwas fällt auf: Die meisten Gehäuseschnecken der Gezeitenzone, darunter vor allem auch die Nordische Purpurschnecke, besitzen ausgesprochen dickwandige Wohnungen und keine so dünnschaligen Leichtbaukonstruktionen wie so manche Landschnecke. Wegen ihrer massiven Gehäuse nennt man die Purpurschnecke sogar Steinchen – sie zerbirst mit Sicherheit nicht, wenn man ihr aus Versehen einmal auf das Dach steigt.

Für Tange oder Schnecken gibt es auf den brandungsgewaschenen Felsen keinen Halt. Nur Flechten und Seepocken fassen hier Fuß.

Tips für die Praxis

∗ Brandungsbelastung verschiedener Küstenabschnitte abschätzen
∗ Brandungsaktivität beobachten und Reaktion der Tange auf den Wellenschwall verfolgen – aber Vorsicht bei unverhofften Brechern
∗ Gezeitenschneckenschalen mit Farbpunkten (Nagellack) markieren und Verteilungsmuster in Zeitabständen kontrollieren
∗ Fugen, Ritzen oder Spalten im Gestein exponierter Küsten untersuchen

Alle sitzen lebenslänglich

Überall an den Hafenmolen und wellenexponierten Felsküsten kann man in der Gezeitenzone Seepocken beobachten. Was für Organismen aber sind das eigentlich? Die Antwort auf diese Frage erhält man, wenn man sich die Entwicklung dieser Tiere ansieht.

Jeder harte Untergrund in der Gezeitenzone, so wie dieser Stützpfeiler einer ehemaligen Küstenbefestigung, wird von Seepocken (*Semibalanus balanoides*) besiedelt (links).

Neben den erwachsenen Seepocken siedeln deren Nachkommen als kleine Cyprislarven (braun) in unmittelbarer Umgebung (rechts).

Die weist sie eindeutig als Krebse aus. Ihr erstes freischwimmendes Larvalstadium ist nämlich eine Nauplius-Larve – jenes Entwicklungsstadium, das alle Krebse im Ei oder im freien Wasser durchlaufen.

Seltsame Krebsverwandlung

Festsitzende Tiere sind im Meer nichts Besonderes, der Aufbau einer Seepocke ist jedoch schon kurios. Die Nauplius-Larven entwickeln sich zu einem Cypris-Stadium und setzen sich am Untergrund fest. Anschließend wird der Kopfbereich reduziert und rundherum ein Gehäuse von vier bis sechs Kalkplatten gebildet. An ihrer Spitze bleibt eine Öffnung,

Hartbodenbesiedler. 1 Entenmuschel, **2** Gemeine Seepocke, **3** Große Seepocke, **4** Gekerbte Seepocke, **5** Meerwarze, **6** Miesmuschel.

die aus vier Verschlußklappen besteht. Sechs Fußpaare des jungen Krebses wandeln sich zu großen gefiederten Fangarmen um und schaufeln wie ein großer Filter mit rhythmischen Bewegungen Planktonorganismen aus dem Wasser heraus. Bei niedrigen Wasserständen riegeln sie das Gehäuse vollständig ab.

Die Australische Seepocke (*Elminius modestus*) hat sich nach ihrer Einbürgerung einen festen Platz in der heimischen Gezeitenfauna erobert (links).

Die Raumkonkurrenz für die Seepocken ist groß. Vom Beton der besiedelten Mole ist nichts mehr zu sehen.

Brüten in der Sonne

An Sommertagen kann es in der Behausung sehr heiß werden. Die Tiere schützen sich jedoch dagegen nicht nur durch die weiße Gehäusefärbung, die ohnehin einen Großteil der Strahlungsenergie reflektiert, sondern lassen aus einem Wasserreservoir, das sich in einem Hohlraumsystem in den Kalkplatten befindet, Wasser verdunsten. Die Verdunstungskälte verschafft in der sommerlichen Hitze des Mittags angenehme Kühlung. Einige Arten ertragen so mühelos Bodentemperaturen bis etwa 60 °C.

Tips für die Praxis

✳ Mit Seepocken besetzte Miesmuscheln oder Algen in einem Glas mit Seewasser beobachten; die Krebse werden schnell aktiv und winken rhythmisch mit ihren Fangarmen

Was uns meist verborgen bleibt

Auf zwei große Teilbereiche verteilen sich die Lebensgemeinschaften des Meeres: Zum einen gibt es die zahllosen Schwimmer und Schweber jeglicher Größenordnung in den nahezu endlosen Freiwasserräumen, und auf der anderen Seite die ungleich artenreicheren Besiedler des Meeresbodens. Manche durchwühlen hier das Sediment oder kriechen auf dem Substrat umher. Andere sind mit einer tragfähigen Grundlage fest verwachsen. Einige ruhen und rasten auch nur auf dem Boden.

Vom Festland her kennen wir eigentlich nur ortsfest angewachsene Pflanzen und freibewegliche Tiere. Im Vergleich dazu ist das Meer eine ziemlich verkehrte Welt. Hier finden wir viele Tiergruppen, die zeitlebens irgendwo vor Anker gehen und festwachsen, andererseits aber auch frei umherdriftende Pflanzen.

Einer auf dem anderen

Noch ein wichtiger Unterschied besteht zu festländischen Lebensräumen: In einer Wiese oder auf Brachland wachsen die Pflanzen durchweg nebeneinander und fein säuberlich getrennt. Die Lebensgemeinschaften des Meeresbodens sind darin viel ungezwungener. Pflanzen besiedeln Tiere, und Tiere besetzen Pflanzen. Es gibt aber auch Pflanze-Pflanze- sowie Tier-Tier-Wohngemeinschaften – nicht nur neben-, sondern auch übereinander, wie bei den Bremer Stadtmusikanten.

Mitunter treten dabei bestimmte Vorlieben füreinander in Erscheinung. Eine dichtbüschelige, beinahe schwarzpurpurne Rotalge wächst beispielsweise nur auf dem Knotentang, und ein bestimmter Algenparasit tritt eben nur auf dieser Rotalge in Aktion. Der kleine Stachelpolyp überzieht mit seinen Kolonien nur solche leeren Schneckenhäuser, in denen bereits ein Einsiedlerkrebs Quartier genommen hat. Vielfach gibt es bei den Artengemeinschaften aber auch die freie Wahl der Steh- und Sitzplätze.

Fast jedes im Flutsaum umherdriftende Tangbüschel zeigt uns, wie die Meeresorganismen voneinander Besitz ergreifen. Was die Gezeitenzone dem bloßen Auge an Artengefügen präsentiert, ist allerdings nur ein Teil der Wahrheit. Die wechselseitige Wohnungsnahme findet auch im Bereich der sehr kleinen Dimension statt. Eine kleine Schale, in der Tangstücke portionsweise fluten können, sowie eine Handlupe erleichtern die Expedition in neue Größenordnungen, die mit ihrem eigenartigen Formenzauber schon fast ein wenig unwirklich erscheinen müssen.

Safari auf dem Sägetang

Wenn wir ein Stück Sägetang aus dem Wasser ziehen, können wir ziemlich sicher sein, nicht nur eine definierte Braunalge, sondern einen artenreich besetzten Kleinlebensraum in Händen zu halten. Hier fallen beispielsweise kleine, weiße, wie Schneckenhäuser aussehende Gebilde auf. Es sind die Kalkwohnröhren der Posthörnchenwürmer. Unter Wasser schieben die winzigen Bewohner vielleicht ihre grünlichen Tentakelkronen aus der Röhre. Die rechts- und linksgewundenen Gehäuse gehören verschiedenen Arten an. Verschiedene, immer etwas unförmig erscheinende Schwämme oder die an

Schmuckpflasterwerk erinnernden Kolonien von Moostierchen siedeln sich eventuell in der Nachbarschaft an.

Zu den Zweigspitzen hin sehen wir häufig olivbraune, wattige Überzüge – es sind Rasen einer auf Sägetang spezialisierten Mikrobraunalge, die nur aus unverzweigten Zellfäden besteht. Punktförmig verteilt finden sich auf den Zweigen feine weißliche Haarbüschel. Sie brechen aus winzigen Höhlen hervor, in denen wiederum spezialisierte und nur hier vorkommende Kieselalgen leben. Eigenartig heben sich die etwas starr abstehenden, ungefähr zentimeterlangen Polypenstöckchen von *Dynamena* ab. Sollten die Einzelpolypen absterben, finden sich für ihre kleinen Wohngehäuse sofort etliche Nachmieter. Einige mikroskopisch kleine Rot- und Grünalgen

Ein geradezu exotischer Farben- und Formenzauber findet sich in den Gezeiten- oder Ebbetümpeln einer Gezeitenfelsküste (links).

Nicht nur der Boden, auch die Tange der Gezeitenzone sind häufig dicht mit wirbellosen Tieren und Pflanzen besiedelt. Auf dieser Abbildung erkennt man Kolonien von Sternseescheiden, Moostierchen, Hydropolypen und Gehäuse von Posthörnchenwürmern (rechts).

besiedeln fast ausschließlich die Wände der Polypengehäuse, ohne mit den tierischen Nachbarn sonstige Kontakte zu pflegen. Eine stärker vergrößernde Lupe zeigt uns übrigens, daß selbst ein so zartes Wohngebäude wie die *Dynamena*-Kolonie eigentlich ein wimmelnder Mikrokosmos ist,

dessen überbordende Artenfülle an Aufwuchsorganismen von Fadenbakterien über Kieselalgenketten bis hin zu Glockentierchen, Sauginfusorien und Kleinstpilzen reicht. Und hat man erst ein Mikroskop zur Hand, bietet ein nur zentimeterlanges Polypenstöckchen sogar ein abendfüllendes Programm.

Eine ziemlich befremdende Welt kommt in solchen Kleinstgärten und Miniaturzoos zusammen, wenn man sich das Formengefüge einmal in faßbarere Dimensionen übersetzt und mit Alltagsgegenständen vergleicht. Die schmucken Kieselalgen sehen beispielsweise aus wie gläserne Geigenkästen oder durchsichtige Damenhandtaschen. Die Glokkentierchen erinnern dagegen an nervös zuckende Rotweingläser, deren Stiel sich urplötzlich zusammenzieht und Sekunden später wieder aus sich herauswächst. Die Sauginfusorien hätten auch für Champagnerkelche Modell stehen können, und bei den Mikropilzen darf man sich alle möglichen Fadengeflechte vorstellen, nur eben nicht die so vertrauten Hutgestalten aus Feld und Flur, die es in dieser Form im Meer überhaupt nicht gibt.

Tips für die Praxis

✳ Bei Gezeitenorganismen auf Besitzverhältnisse achten
✳ Tangbüschel in flacher Schale ausbreiten und Zweigbesatz untersuchen
✳ Größere Tangarten wie Sägetang, Knotentang oder Riementang sorgfältig nach Aufwuchsarten absuchen
✳ Leerstehende Seepockengehäuse sind beliebte Wohnungen für allerhand Nachmieter

Rasten und Ruhen

Zur Frühlings- und Herbstzeit erleben die Meeresküsten in Mitteleuropa wahre Ein- und Auswanderungswellen. Auf ihrem Zug von oder hin zu ihren Brutplätzen rasten jedes Jahr allein im Wattenmeer mehrere Millionen Vögel, um sich bei einem eingelegten Zwischenstop auf ihrer oft weiten Reise neue Energiereserven anzufressen.

Das nahrungsreiche Wattenmeer und Angespül an vielen Küstenstrichen bieten Nahrung satt; das wird von den Vögeln in ihrem Reiseplan voll eingeplant. Der Zwischenstop auf diesem Rastplatz ist für die Vögel unverzichtbar, weil sie sonst die nächste Zwischenstation nicht mehr erreichen können.

Drehscheibe Wattenmeer

Von unseren Küsten aus wandern die meisten Vogelarten weiter in den arktischen Norden in ihr Brutgebiet, oder sie befinden sich auf dem Rückzug ins südliche Europa. Einige Arten überqueren auch noch das Mittelmeer und ziehen weit nach Afrika hinein. Der Zug-Weltmeister aller Küstenbrüter ist zweifellos die Küstenseeschwalbe. Sie fliegt auf ihrem Weg nach Süden bis ans Kap der Guten Hoffnung und legt damit eine Strecke von mehr als 12.000 km zurück. Während sie aber schon unterwegs ist oder noch über dem Flachwasser rüttelt, um nach Sandaalen zu stoßen, finden sich überall an den Stränden und auf den weiten Sandflächen riesige Schwärme von Watvögeln ein, die ganze Wattstriche durch gezieltes Stochern im Boden scheinbar „abräumen". Die Überraschung aber wird perfekt, wenn sich nur wenige Minuten später ein Schwarm einer anderen Vogelart dort einfindet und sich ebenfalls noch gütlich tun kann. Das zeugt nicht nur von dem reichen Angebot an Nahrung, sondern auch von der offenbar streng getrennten Verteilung des Nahrungsangebots zwischen den einzelnen Arten.

Wie einem der Schnabel gewachsen ist

Ein entscheidender Faktor bei der Verteilung der Nahrung ist ganz offensichtlich die Länge und Beschaffenheit des Schnabels. Ein Brachvogel kann mit seinem schlanken, leicht gebogenen Schnabel mühelos 20 cm tief in den Boden stochern und dort selbst tiefsitzende Würmer ergattern. Der kurzschnäbelige Sandregenpfeifer muß sich dagegen mit den Wattschnecken an der Oberfläche begnügen. Steinwälzer spüren ebenfalls dicht an der Oberfläche Flohkrebse und andere Wirbellose auf, indem sie ihre Deckung wie Steine und Algen einfach umdrehen (daher ihr Name) und ihre Mahlzeit so freilegen. Austernfischer hacken mit ihren kräftigen spitzen Schnäbeln Krebspanzer auf. Davon profitieren die häufig mit ihnen auf dem Zug vergesellschafteten Meerstrandläufer. Ein unter angespülten Tangen freigelegtes Nest von

Gestörte Bläßgänse (*Anser albifrons*) fliegen auf (oben).

Rasenmäher aus der Luft: Ringelgänse (*Branta bernicla*) äsen die Küstenweiden so intensiv ab, daß danach nur noch ein „Englischer Rasen" übrigbleibt (unten).

Flohkrebsen ernährt auch sie reichlich. In den freien Watten dagegen sind die Steinwälzer auf das angewiesen, was die langschnäbeligen Kollegen aus dem Boden herausziehen.

Rastende Meerstrandläufer (*Calidris maritima*) sind in ihrer Umgebung durch das unscheinbare Gefieder hervorragend getarnt.

Gefiederte Sensen

Große Bedeutung als Futterplatz besitzen auch die Seegrasbestände und die Salzwiesenvegetation der Vorlande. Vor allem die aus Grönland, Spitzbergen und dem nördlichen Rußland einfallenden Ringelgänse halten sich an den reichen Andelwiesen und Seegrasbeständen vor der Küste schadlos. Manchmal fallen sie in so großen Schwärmen ein, daß von der Salzwiese – ganz zum Ärger der betroffenen Bauern – nicht mehr als ein „englischer Zierrasen" übrigbleibt. Viele Ringelgänse werden an die Küste des Ärmelkanals weiterziehen und dort überwintern. Ein erheblicher Teil der Tiere aber verbleibt direkt im Wattenmeer und wartet dort auf den nächsten Frühling. Somit hat das Wattenmeer gerade für diese Art eine Schlüsselfunktion. Die im Norden über Kontinente hin weit versprengten Vögel sammeln sich hier in einem eng begrenzten Gebiet. Eine Zerstörung dieses Lebensraumes bedeutete zugleich die unmittelbare Gefährdung der Existenz einer Vogelart, und das, obwohl die Ringelgänse nur relativ kurze Zeit im Jahresrhythmus hier verbringen.

Auch die Weißwangengänse (*Branta leucopsis*) gehören zu den regelmäßigen Durchzüglern im Wattenmeer.

Die große Mauser

Ähnlich dramatisch nimmt sich die Situation für die Brandente aus. Sie versammelt sich zur Zugzeit im Herbst auf engstem Raume zu Hunderttausenden und legt bei dieser Rast auch gleichzeitig die jährliche Mauserzeit ein. Da die Tiere flugunfähig sind, bleiben sie auf die reichhaltige Nahrung im Boden des Wattenmeeres angewiesen. Eine Störung oder Auslöschung des Lebensraumes hätte für die gesamte Population katastrophale Konsequenzen. Die angeführten Beispiele belegen es eindrucksvoll: Die Bedeutung der heimischen Küsten als Rastplatz ist im Leben eines Zugvogels ungefähr vergleichbar mit dem Glied in einer Kette. Fehlt nur eine einzige Verbindung, zerbricht das gesamte Gefüge.

Tips für die Praxis

✳ Durchziehende Vögel auf keinen Fall stören oder aufschrekken; nur aus größerer Distanz (mit Spektiv oder Fernglas) beobachten!
✳ Bedenken Sie, daß auch für die Vögel nur die am Tag eng begrenzte Zeit niedriger Wasserstände zur Nahrungsaufnahme bleibt. Ständige Unterbrechungen ihrer Ruhephasen schwächen die Tiere erheblich und lassen ihnen nicht genügend Zeit, sich die notwendigen Fettreserven für den Weiterzug anzufressen

Wie die See das Land verzehrt

Konturgenau halten die Landkarten die Nahtstellen zwischen Waterkant und Klippensaum fest. Doch was der Atlas zeigt, ist wohl bestenfalls eine Art Momentaufnahme: Wo sich heute noch Meer und Land begegnen, können morgen die Grenzmarken vielleicht schon völlig anders verteilt sein. Wie rasch aus topographischer Gegenwart Vergangenheit werden kann, zeigen unsere Nordseeinseln geradezu lehrbuchhaft.

So landfest und unbeweglich der Boden unter unseren Füßen auch erscheinen mag, so kurzlebig ist er gemessen an geologischen Zeiträumen. An der Meeresküste wird die Unbeständigkeit des Festlandes sogar besonders augenfällig. Großartige Dünenkämme, Kliffs und Klippenfelder, die wie Bollwerke der Landfeste gegen das anbrandende Meer aussehen, sind in Wirklichkeit das gemeinsame Zerstörungswerk von Wind und Wasser – Grenzbefestigungen auf Zeit, an denen sich die Urgewalt des Meeres immer wieder austobt.

Unhaltbare Zustände

Steter Tropfen höhlt den Stein – eine im Sprichwort verpackte Einsicht vom Wirken der gestaltenden Kräfte, die das Gesicht der Erde ständig verändern. Geomorphologen sprechen in diesem Zusammenhang von exogener Dynamik. Gemeint ist die Erosion, der zermahlende, verschleißende Abschliff, vor dem selbst der bildhaft harte Granit keinen Bestand hat. Im Binnenland vollzieht sich die Verwitterung der Gesteinsrinde fast unmerklich langsam. Nur wenn man tiefer darüber nachdenkt, wird deutlich, welche Furchen die Fließgewässer auf Dauer in die Oberfläche ziehen und wie sie Landschaften modellieren. Am Meer laufen die erosiven Veränderungen viel rascher ab und nehmen gelegentlich sogar dramatische Ausmaße an. Mit der ständigen Wellenaktion, dem täglichen Hin und Her der Gezeitenströme oder gar mit dem Sturmlauf einer Orkanflut setzt der Hobel der Erosion auf breiter Front an.

Küsten profilieren sich

Felsenfestes bleibt davon auf Dauer so wenig verschont wie Wattweiches. Wo das Meer heftig anbrandet, tritt das Festland sichtlich den Rückzug an. Die Abbruchkante einer Steilküste, die ständige Umlagerung von Lockermaterial – sie sind gleichsam die Bißmarken dieser abbauenden, umgestaltenden Vorgänge. Die Nordseeküste bietet ebenso wie andere Küstenabschnitte eindrucksvolle Lehrstücke in angewandter Geodynamik. Wo heute die Nordseewellen auf den Strand laufen, erobern sie eigentlich uraltes Terrain zurück. Noch im ausgehenden Tertiär lag die Küstenlinie zeitweise unmittelbar vor der heutigen Mittelgebirgsflanke. Während der Eiszeiten verlief sie dagegen erheblich weiter im Norden, etwa im Bereich der Doggerbank. Der Nordsee und dem übrigen Nordatlantik mangelte es offenbar an Wasser, weil Unmengen davon in den Gletschern und Eisschilden gleichsam gestapelt waren. Überlagert werden diese Meeresspiegelschwankungen durch Landhebungen, die ebenfalls die Küstenlinie versetzen: Die kilometermächtigen Eispanzer über Nord-

Küste im Luv. Kraftvoll wirft sich die sturmgepeitschte Brandung gegen die Felsbastionen (Côte sauvage/Bretagne).

europa drückten mit so gewaltiger Auflast, daß Skandinavien wie der Arm einer Balkenwaage nachgeben mußte. Gleichzeitig erlebte Westeuropa einen frühen Aufstieg. Seit dem Ende der Eiszeit kehren sich die Verhältnisse eher um. Die Nordsee ist seither wieder auf dem Vormarsch und beißt sich überall im Küstenbereich an Hindernissen sichtlich fest.

Die Klippe ist ein Steinbruch

Wo fließendes Wasser über blankes Gestein läuft, ist die glättende Wirkung meist nicht zu übersehen. Einschneidende Maßnahmen ergreifen Fließgewässer über relativ weichem Gestein und schaffen enge Kerb- und Klammtäler. Wie aber entsteht ein so imposantes Gebilde wie eine Dutzende von Metern aufragende Steilküste aus massivem Fels?

Der entscheidende Faktor ist hier die Brandung. In überbrechenden Wellenkämmen werden größere Luftblasen eingeschlossen und geraten dann unter enormen Druck, bis sie schließlich mit lautem Knall zerplatzen. Solche explodierenden Einschlüsse bearbeiten den anstehenden Fels wie mit wuchtigen Hammerschlägen, unter denen das Gestein irgendwann einmal materialmüde werden muß. Zudem liegt am Klippenfuß auch immer eine Menge Lockermaterial herum. Bei schwerer See ist es für die anbrandenden Wellen überhaupt

kein Problem, mehrere Kilogramm schwere Gesteinsbrocken gegen die Klippe zu schleudern. Beide Partner tragen sichtbare Blessuren davon: Die Gerölle werden handschmeichlerisch gerundet, und die Klippenbasis wird in eine schöne Brandungshohlkehle überführt. Irgendwann stürzt dann von oben nachbrechendes Gestein nach unten, und der Zyklus beginnt von neuem. Form und Reifung der Rundungen sind somit immer ein sicheres Anzeichen für das Erosionsalter einer blanken Felsflanke.

Gierig nagt der Blanke Hans

Wenn schon das Festgestein vor der Übermacht Meeresbrandung kapituliert, müssen Lockermassen wohl erst recht erosionsanfällig sein. Den Beweis dafür kann man direkt dem Kartenbild des

Schrittweise flieht der Klippensaum: Abbrechende Kreideklippen (Insel Møn/Dänemark, links).

Geschichte aus Schichten: Die Schlickbank vor der Hallig Gröde dokumentiert ältere Absatz- und jüngere Abbruchphasen (rechts).

Nordfriesischen Wattenmeeres entnehmen: Wirr und ungeordnet liegen hier die Inseln und Halligen – ganz offensichtlich die zerschlagenen Fetzen eines ursprünglich zusammenhängenden Landstrichs, der friesischen Utlande. Die Linie Rømø – Eiderstedt gibt ungefähr an, wo der Küstensaum einmal verlief. Die großen nordfriesischen Inseln Sylt, Amrum und Föhr bestehen in ihrem Kern aus den Geschieben der Saale-Eiszeit. Es

sind Altmoränen über einer jung-tertiären Aufwölbung des Untergrundes. Nur deswegen liegen sie ein paar Meter höher als das weitere Umland. Wahrscheinlich waren sie bis ins 13. Jahrhundert Bestandteil der zusammenhängenden Geest. Meeresspiegelanstieg und Landsenkung brachte hier besonders viel Bewegung in die Flurkarten: Schwere Sturmfluten zerschlugen die anstehende Geest bis auf ein paar Restportionen und ließen das Land stückweise untergehen. Durch Anschlickung von jungem Marschland wuchsen die Reste zu den heutigen Inselkörpern heran. Später kam dann noch die strömungsabhängige Sandzufuhr hinzu. Ihr verdanken die charakteristischen Nehrungsarme von Listland, Hörnum-Odde, Amrum-Odde und Wittdün ihre Entstehung. Auch das der Geest vorgelagerte Marschland

schmolz während der letzten Jahrhunderte beträchtlich zusammen. Eine Oktoberflut des Jahres 1634 zerriß das schon bestehende Deichsystem und ließ wiederum nur ein paar Fragmente zurück – die heutigen Marscheninseln Pellworm und Nordstrand sowie die Halligen Südfall und Nordstrandischmoor.

Tips für die Praxis

* Gerölle am Klippenfuß untersuchen – kantig oder gerundet?
* Küstenprofile beobachten und alte Uferlinien rekonstruieren
* Kleine Sandpriele am oberen Gezeitenrand sind Modelle für den Großangriff des Meeres
* Auf Uferschutzwerke (Buhnen, Molen, Steinwälle, Faschinen, Pflanzungen) achten

Die nackte Pracht

Extravaganz in Form und Farbe kommt in den besten Familien vor. Höhere Pflanzen kennen wenig Zurückhaltung, wenn es darum geht, Blüten und Früchte mit plakativer Farbigkeit in den Blick zu rücken. Manche Tiere legen ebenfalls besonders viel Wert auf grellfarbene Äußerlichkeit. Auffallen und sich nach Möglichkeit von einer vielleicht gleichfarbenen Umgebung unübersehbar abzuheben ist bei vielen Arten ein offenbar ebenso erfolgreiches Prinzip wie Tarnen oder Angleichen bei anderen Arten. Fische, Amphibien und Vögel gleichen mitunter lebenden Farbpaletten mit allen nur denkbaren Mustern und Nuancen. Auffällige, ansprechende und oft sogar sehr elegant wirkende Farbigkeit ist darüber hinaus auch das besondere Markenzeichen etlicher wirbelloser Tiere. Nicht umsonst werden die schönsten Schmetterlingsarten ihrer aristokratischen Erscheinung wegen auch als Edelfalter bezeichnet.

Was den gekonnten Umgang mit Form und Farbe angeht, so bietet natürlich auch der Lebensraum Meer gar mancherlei Überraschungen. Und hier sind es nun gerade solche Tiergruppen, bei denen man augenfällige Vielfarbigkeit oder ähnlich abstechende Gewandungen zunächst überhaupt nicht erwartet. Erstaunlicherweise putzen sich auch die vermeintlich so unscheinbaren Schnecken im Meer mit viel Farbe und noch fantastischeren Formen zu überaus ansehnlichen Stücken heraus.

Die schicke Schnecke

Vor allem einige Verwandtschaftsgruppen der Hinterkie-

merschnecken bieten mit ihrer äußeren Aufmachung dem Auge allerhand Anreize. Da kommen tatsächlich die unwahrscheinlichsten Details zustande: Reines Weiß linienscharf abgesetzt gegen leuchtendes Orangegelb, giftiges Hellila gegen feine weiße Punkte und Striche oder gar vornehmes Dunkelblau mit hellem Nadelstreif und karminroten Säumen. Jeder Operettengeneral erscheint geradezu ärmlich gegen die verwegene Kostümierung mancher Meeresnacktschnecken. Als Schmetterlinge des Meeres hat ein bedeutender Zoologe die farbigen Schnecken bezeichnet. Der Vergleich ist eher untertrieben. Denn so farbenfroh wie die meist gehäuselosen Nacktkiemerschnecken sind nicht einmal unsere buntesten Tagfalter.

Kräftige Farbe kommt in Verbindung mit einer ungewöhnlichen Form erst recht zur Geltung. Auch gestaltlich bestechen die plakativen Meeresnacktschnecken mit einem faszinierenden Variantenreichtum. So wird ihre abenteuerliche Buntheit vielfach noch durch eine hochgradige Auflösung der Körperkonturen

Wer hätte gedacht, daß diese bizarre Hörnchenschnecke (*Polycera quadrilineata*) ein regelmäßiger Bewohner der Nordsee-Algenwälder ist (oben).

Die Violette Faden-Nacktschnecke (*Coryphella pedata*) lebt zwischen Polypenkolonien und auf flächigen Rotalgen (Mitte).

Die nur etwa 2 cm lange Nacktschnecke (*Eubranchus tricolor*) entfaltet ihre dezente Schönheit erst unter der Lupe (unten).

unterstützt. Nur wenig in dieser Formgebung erinnert an die so einfache, schlanke Körpergestalt der vertrauteren Landschnecken, die fast immer so aussehen wie an den Enden verschmälerte Schlauchstücke. Breite Flügelsäume vergrößern die Körperflanken mancher Nacktschnekken. Sie verstärken die Schwimmbewegungen der Tiere, so daß es fast aussieht, als würden sie unter Wasser fliegen. Bei anderen Arten tragen Rücken und Flanken allerhand Zipfel oder fiederige Anhänge, die meist auch noch farblich vom übrigen Rumpf abweichen. Und schließlich kann eine Schnecke sogar in einzelne Portionen zerlegt erscheinen. Richtig fetzig sieht die Meeresschnecke dann aus, wie eine bizarr gewachsene Wurzel, nur eben viel hübscher und in den meisten Fällen wohl auch grell-

Janolus cristatus frißt systematisch die Köpfchen von Polypen- und Moostierchen-Kolonien ab (links).

Die Meerzitrone (*Archidoris pseudargus*) ist durch ihre warzige Oberfläche und unregelmäßige Zeichnung im Freiland kaum auszumachen (rechts).

bunt oder zumindest doch sehr dekorativ gemustert. Die prächtigsten Vertreter zeichnet noch ein weiteres besonderes Merkmal aus: Sie haben die sonst auf der rechten Körperseite gelegene Kieme völlig zurückgebildet und statt dessen Ersatzkiemen als Fiederkranz auf dem Rücken.

Echt ätzend

Auch im Fall der Meeresnacktschnecken zieht ein attraktives

Äußeres sicher nicht nur bewundernde Blicke auf sich. Wenn man so aufreizend auffällig ausschaut, besteht immerhin die Gefahr, daß hungrige Fische auf die verführerischen Proportionen der gehäuselosen Schönen aufmerksam werden. Der vermeintliche Appetithappen wird jedoch augenblicklich zum Kotzbrocken: Die attackierte Nacktschnecke wehrt sich nämlich nach Kräften mit giftigem, übelschmeckendem oder auch extrem saurem Hautsekret. Vor gierigen Zudringlichkeiten ist nicht nur das betreffende Exemplar, sondern auch die gesamte grellfarbene Verwandtschaft künftighin ziemlich sicher. Die so eigenartig auffälligen Farbmuster dieser Tiere sind also offenbar Warnfarben – vergleichbar der aggressiven Gelbschwarztracht der Wespen, die uns Respekt vor dem heftig umschwärmten Pflaumenkuchen abverlangt.

Meeresnacktschnecken sind aber ihrerseits ausgesprochen wählerische und hochgradig festgelegte Nahrungsspezialisten.

Tips für die Praxis

* Typische Nahrungsgründe für Nacktschnecken (Schwämme, Lederkorallen, Moostierchenkolonien) kontrollieren
* Angeschwemmte oder festsitzende Tangbüschel (nur grüne und rote Fadenalgen) vorsichtig durchsuchen

Aeolidia papillosa ist die größte Faden-Nacktschnecke der heimischen Gewässer (oben).

Die Grüne Samtschnecke hat in ihr Körpergewebe die Chloroplasten von Grünalgen funktionstüchtig eingelagert (unten).

Winter

Das Spiel von Wind und Wellen

Eindrucksvoll wäre das Meer ja schon allein wegen seiner ungeheuren Weite, die nicht einmal dort endet, wo am Horizont Wasser und Wolken miteinander zu verschmelzen scheinen. Das Meer ist noch viel aufregender. Es liegt ja nicht nur einfach da wie ein lieblicher Badesee, sondern ist unaufhörlich in Bewegung. Und gerade die Dynamik von Wellen und Wogen ist ein ganz wesentlicher Erlebnisinhalt an den Küsten.

Wellen sind eine bestimmte Form der Wasserbewegung vom Zentimeter- bis in den Meterbereich – viel auffälliger als die über Tausende von Kilometern reichenden Oberflächenströmungen. Für die Lebensgemeinschaften an den Küsten sind sie gleichermaßen von Bedeutung. Sie verteilen und sortieren Sedimente, wenden und versetzen Gerölle oder Felsblöcke und werden auch so manchem menschlichen Machwerk vom Seedeich bis zum Supertanker zum Verhängnis. Vor allem liefern sie an den Küsten äußerst bewegte und lebhafte Landschaftsbilder. Ein spiegelglattes Meer ist kitschig wie eine Ansichtspostkarte. Das bewegte Wasser komplettiert den Landschaftseindruck ebenso wie dramatisch gruppierte Wolkenbilder.

Die See gerät in Stimmung

Eigentlich sind Wellen sehr merkwürdige Erscheinungen. Rein physikalisch betrachtet sind sie Schwingungen der Wasseroberfläche durch ihre Ruhelage – eine Oberflächenverformung, die an die Nachbarfläche weitergereicht wird und damit den Eindruck gerichteter Wasserbewegung hervorruft. Tatsächlich befinden sich die Wasserteilchen nach dem Durchgang einer Welle ungefähr in ihrer Ausgangsposition, denn innerhalb der Welle beschreiben sie eine Kreisbahn.

Wellen entstehen durch Wind. Wenn bewegte Luft über die Meeresoberfläche streicht, kräuselt sie zunächst nur kleine Kapillarwellen auf, die sich aber rasch zu kleinen Windseen und schließlich zu Seegang weiterentwickeln. Dabei nimmt die Ausbreitungsgeschwindigkeit gegenüber der Windgeschwindigkeit ständig zu. Als Dünungswellen laufen sie vor dem Wind her und eilen über weite Strecken den Küsten zu. Ab Windstärke 3 zerstäuben die Wellenkämme zu Schaumkronen; bei Windstärke 5 breiten sich großflächige Schaumteppiche aus. Bestimmte Windgeschwindigkeiten erzeugen nach einer bestimmten Einwirkungszeit über einer Mindeststreichstrecke immer wieder die gleichen Wellenhöhen und Wellenlängen. Bei Windstärke 3 entstehen nach etwa sechs Seemeilen und etwa zweieinhalb Stunden Wellen mit einer mittleren Höhe bis 0,2 m. Windstärke 9 türmt die Wellen nach drei Tagen und 1600 Seemeilen auf mehr als 12 m Höhe auf.

Wellen überrennen sich selbst

Gelangen Dünung oder Seegang in ein Meeresgebiet, dessen Tiefe weniger als die halbe Wellenlänge ausmacht, fühlt die Wellenbewegung gleichsam den Grund: Im Flachwasser verlangsamt sich die Bewegung. Dabei verformen sich die Kreisbahnen der Wasserteilchen in der Welle immer mehr zur Ellipse – die Wellenfronten werden sichtlich steiler, die Welle

Bei Springsturmflut läuft die Hallig blank (Land unter). Die Nordsee strömt buchstäblich zum Gartentor herein.

bricht. Dabei fällt der Wellenrükken über die Vorderseite. Je nach Wellenenergie kann das Wasser über den Wellenkamm herunterfließen, oder der Wellenkamm wirft sich vor der Front als Sturzsee herab. Eine auf die Küste zulaufende, langwellige Dünung wandelt sich also erst bei Grundberührung in Brandung mit einzelnen Brecherfolgen um.

Wenn nach dem Brechen der Welle noch genügend Bewegungsenergie verbleibt, entstehen bei der sogenannten Strandbrandung neue Wellenserien, die sich erneut überbrechen und mit steiler Front (= Bore) auf die flache Strandebene zueilen. Hier laufen sie als schaumbegleiteter Schwell allmählich aus. Ein Teil des Wellenwassers versickert sofort im Sand, und der Rest fließt als Sog zurück.

Bei der Klippenbrandung entstehen die Brecher meist erst viel knapper vor der Küste. Zusätzlich werden die Wellen an den Felsen reflektiert, so daß sich anrollende und zurückgeworfene Brecher durch Interferenz wechselseitig überlagern. Hierbei entstehen sehr unregelmäßige Brandungsmuster – kurze Phasen mit annähernder Wasserruhe gehen urplötzlich in ein tosendes, wildschäumendes Inferno über. An Felsküsten mit sehr steil in größere Tiefen abfallender Klippe brechen sich die Dünungswellen nicht. Vielmehr steigt und fällt der Wasserspiegel unmittelbar an der aufragenden Felswand im Wel-

lenrhythmus, aber mit viel höherer Schwingungshöhe als die verursachende Wellenamplitude. Für die Besiedler der betroffenen Felssubstrate ist auch diese Form der Wellenaktion ein harter Kampf, denn die hohen Teilchengeschwindigkeiten der Wasserbewegung reiben sich heftig an allen im Wege stehenden Hindernissen.

Wälle aus Wellen

Im Augenblick, wo sich die Bewegungsenergie der brechenden Welle entlädt, kann sie mit dem Schwell kleine Steine, Grobsand oder auch alle möglichen Reste von Lebewesen weit auf den Strand schleppen. Im Sog lassen die Transportkräfte dagegen nach, so daß nur kleinere Teile wieder in die Wellenfront zurück-

Wellenbewegungen und Strömungswirbel sind faszinierende Vorgänge, streng naturgesetzlich bestimmt, aber dennoch chaotisch im Ablauf.

geholt werden. Auf diese Weise entstehen landwärts charakteristische Materialanhäufungen, die Strandwälle. Seewärts gehen sie in immer feineres Material über.

Tips für die Praxis

✳ Wellenfronten am flachen Sandstrand beobachten
✳ Wie verhalten sich Wellenzüge an Landzungen oder beim Eindringen in Buchten?
✳ Strandgut der Strandwälle untersuchen
✳ Wellenszenerien fotografieren

Wie Sand am Meer

Unablässig nagt die Verwitterung am Festgestein, schilfert seine Oberflächen ab, zerlegt es in Blöcke oder Gerölle und reibt auch diese schließlich so weit auf, daß sie in die Sanduhr passen: Sedimente sind die vorläufigen Endstufen der Erosion und sammeln sich in unvorstellbaren Mengen am Meeresboden an. Haufenweise wirft das Meer die Feinteilchen auch auf den Strand und füllt damit Badebuchten ebenso auf wie kilometerlange Inselflanken.

Wellenfurchen oder Rippelmarken entstehen durch komplizierte Wechselwirkungen von strömendem Flachwasser und feinkörnigem Sediment.

Rieselfeine, sanduhrtaugliche Sande sind am Badestrand besonders beliebt. Aber nicht überall ist der Sandboden der Küste gleichförmig zusammengesetzt. Nach den beteiligten Korngrößen kann man verschiedene Sandklassen unterscheiden, vom gut sichtbaren Einzelkorn bis hinunter zum Feinteilchen, über dessen wahre Dimension nur noch das Mikroskop Aufschluß gibt.

Sehr kleine, ultraleichte Körner kann der Wind hemmungsloser wegblasen als großkalibrige Schwergewichtler. Auf der Luvseite einer Düne reichern sich daher die gröberen Sandfraktionen an, während es im Lee ausgesprochen fein zugeht. Sand, Silt und Ton bestimmen in verschiedenen

Mischungsverhältnissen auch die Qualität der Wattböden vom Schlicksand bis zum Tonschlick.

Am Anfang steht grober Muschelschill. Fein zermahlen und zerrieben paßt er in die Sanduhr.

Sandstrände aufs Korn nehmen

Wenn wir Grob- oder Mittelsand versonnen durch die Finger rinnen lassen, bemerken wir, daß außer Quarzkörnern auch etliche Reste tierischer Hartstrukturen dabei sind, vor allem die als Schill bezeichneten Reste von Muschel- und Schneckenschalen. Eine Lupe verschafft weitere Informationen: Es sind die Splitter von Schalen darunter, die man anhand ihrer charakteristischen Färbung immer noch bestimmten Arten zuordnen kann. Außerdem kommen aber auch die leeren Schalen von jungen Tieren vor – so manche Strandschnecke kam mit ihrem Wachstum nicht über Sandkornformat hinaus. Praktisch ist das gesamte Artenspektrum des betreffenden Küstenabschnitts im Schill vertreten. Beim Durchmustern von Sandproben fallen auch kleine, an Miniatur-Ammoniten erinnernde Kalkgehäuse auf – es sind die Schalen tierischer Einzeller, der Foraminiferen oder Kammerlinge.

Tips für die Praxis

* Sandproben im Lupenmaßstab betrachten
* Gut erhaltene Kleinstschalen sammeln
* Schalen der Plattmuschel sammeln und Variationsreihen zusammenstellen

Plakative Klippenkunst

Wo sich Land und Meer in der Gezeitenzone begegnen, ist ökologisches Grenzland. Nur ganz wenige Pioniere aus den beiden Großlebensräumen wagen sich jeweils zur Gegenseite vor. Von der Seeseite steigen ein paar Seepocken, ganz wenige Meeresschnecken und eine Meerassel in die höheren Regionen nahe der Flutlinie hoch. Umgekehrt drängen auch vom Festland her ein paar klassische Landorganismen in die Saumregion. An Weichbodenküsten sind es die auf Salzbewältigung spezialisierten Halophyten der Salzmarschen, an Felsküsten dagegen Artenkonsortien, von denen man es eigentlich am wenigsten erwartet: Farbige Flechten überkleiden fleckenweise oder flächendeckend den Fels.

Wo nicht die Vorposten der sehr farbfrohen atlantischen Küstenheide auf die unteren Felskonsolen der Klippenküste hinabreichen und dort mit dottergelbem Stechginster sogar mitten im Winter ein paar lebhafte Farbmarken anbringen, breiten sich die bunten Siedlungsbänder von Flechten aus. Zwischen den obersten Tangstationen und den tiefsten Blütenpflanzen-Standorten beherrschen sie ganz klar die Szene und wandern sogar noch weit in die Anschlußgesellschaften hinein.

Vielfältige Verflechtungen

Schon von weitem betrachtet, bekennen Europas Atlantikküsten kräftig Farbe: Ob man nun an der irischen Westküste, in der nördlichen Bretagne, in Südnorwegen oder gar an den isländischen Fjorden hinschaut – immer trägt die Klippe eine quer verlaufende Trikolore mit der gleichen Farbenfolge: Noch in der oberen Gezeitenzone beginnt ein pechschwarzer Flechtengürtel, den man in Farbe und Konsistenz mit Öl- oder Teerflecken verwechseln könnte. Zur Spritzwasserzone hin wird er sichtlich lückiger und dafür aber von kräftig gelben Krustenflechten durchsetzt. Noch weiter oben lösen Ensembles aus graugrünen Flechten das gelborange prangende Siedlungsband ab.

In diesem Grenzsaum zwischen Meer und Land überschneiden sich erwartungsgemäß die Einflüsse beider Großlebensräume. Das marine Milieu endet ja nicht linientreu an der Flutwasserlinie. Wind und Wellen verwischen die hydrographisch festgelegte Demarkationslinie. Hochreichender Wellenschlag verschiebt die Gürtellinien. Je nach Brandungsaktivität fallen die verschiedenfarbigen Flechtengürtel der Gezeitenfelsküste ganz unterschiedlich breit aus.

Alle Tage Wechselbäder

Die mit dem obersten Braunalgengürtel verzahnte schwarze Flechtenzone umfaßt Formen, die ökologisch außergewöhnlich stabil sein müssen. Bei Hochwasser und Wellenschlag umspült salziges Meerwasser Standort und Organismen. Während der Ebbezeit trocknet das Wasser weg, aber das Salz bleibt zurück – die relative Salzkonzentration kann jetzt sogar erheblich über die normale Salinität des Meerwassers ansteigen. Zum atlantischen Klima gehören aber auch anhaltende Regengüsse, und so ist es nur eine Frage der Statistik, wann salztolerante Meeresflech-

Meeresflechten. **1** Rosetten-Schönflechte, **2** Goldgelbe Schön-flechte, **3** Schwarze Krustenflechte, **4** Braune Blattflechte, **5** Filz-Zwerg-flechte, **6** Bleiche Krustenflechte, **7** Schwarze Kuchenflechte, **8** Grüne Astflechte, **9** Graue Bandstrauch-flechte.

ten während der Ebbe auch einmal unter der Süßwasserdusche stehen.

Die Schwankungen der Salzkonzentration sind also erheblich. Der ohnehin schon komplizierte Stoffwechsel der Flechten muß auf diesen Ökofaktor natürlich gesondert reagieren: Meeresflechten passen ihre Binnenkonzentration an löslichen organischen Stoffen jeweils dem Außenmilieu an. Obwohl die schwarzen und gelben Krusten so völlig reglos auf der blanken Klippe sitzen, passiert doch weit unterhalb der Sichtbarkeitsgrenze allerhand im Stoffwechselbetrieb. Faszinierend wird die Sache auch schon allein dadurch, daß in einer Flechte ja immer zwei grundverschiedene Partner zusammenarbeiten – eine lichtabhängige Flechtenalge und ein Flechtenpilz, der weitgehend die äußere Form dieser Betriebsgesellschaft bestimmt.

Tips für die Praxis

∗ Verschiedene Wuchsformen (Krusten-, Blatt- und Strauchflechten) unterscheiden
∗ Besonders auffällige Flechtengesellschaften fotografieren
∗ Verteilung und Sitzplätze der verschiedenen Flechtenformen innerhalb der Gezeitenzone untersuchen

Die Küste bekennt Farbe: Über viele tausend Kilometer zieht sich ein schwarzes, gelbes und graues Flechtenband entlang Europas Atlantikküste (oben).

Die Goldgelbe Schönflechte (*Caloplaca marina*) und die Pechschwarze Krustenflechte (*Verrucaria maura*) setzen kräftige Farbtupfer auf die Felsen der Gezeitenzone (unten).

Strandschätze nach Sturmtagen

Wenn sich nach den späten Herbst- und Frühlingsstürmen die Wolken verziehen und die Wogen glätten, dann lohnt es sich – auch in klirrender Kälte – an den Strand zu gehen und in den Spülsaum zu schauen. Was das Meer nach solchen Tagen an den Strand wirft und im Spülsaum anreichert, gleicht einem Blick in das Schaufenster zur Dauerflutzone. Wie eine Schatztruhe, die ausgeschüttet wird, breitet sich eine Vielzahl von Tieren und Pflanzen vor dem Betrachter aus, nicht

Der weite Blick über den Strand eröffnet noch nicht den Blick auf die angespülten Schätze des Meeres…

selten sind darunter auch Gebilde, auf die man sich überhaupt keinen Reim machen kann. Als besonders günstige Plätze zum Sammeln gelten geschützte Abschnitte (z. B. an den Strand- und Buchträndern) und die unmittelbare Nähe von Bach- oder kleinen Flußmündungen. Besonders lohnt es sich, an solchen Stellen auf die Kleinformen zu achten. Einzeln versprengt bleiben sie unseren Augen verborgen, wenn sie aber in großen Mengen – im sogenannten Grus – zusammengetragen werden, dann reicht häufig schon eine kleine Löffel-Probe davon, und der Blick durch die Lupe läßt einen aus dem Staunen nicht mehr herauskommen.

Ohne große Probleme lassen sich

im Angespül die Algen erkennen. Häufig haben sie allerdings ihre ursprüngliche Farbe eingebüßt, weil die entsprechenden Pigmente in den Zellen bereits teilweise oder vollständig verblichen sind. Ungleich schwieriger aber läßt sich die Masse der tierischen Objekte einschätzen. Einige wird man auf den ersten ungetrübten Blick möglicherweise überhaupt nicht sofort als Lebewesen erkennen. Zu solchem Angetreibsel gehören sicherlich die Kolonien der Moostierchen. Besonders auffällig und häufig ist das aschgraue bis hellbraun gefärbte Blättermoostierchen. Die Kolonien sitzen normalerweise im tiefen Wasser auf Felsen. Der Blick durch die Lupe zeigt, daß die Oberfläche der einzelnen Lappen in sehr viele regelmäßige Kästchen aufgeteilt ist. In jeder dieser kleinen Boxen lebt ein einzelnes Tier, das im untergetauchten Zustand seine winzige Tentakelkrone ins freie Wasser streckt. Im getrockneten Zustand verblassen die Kolonien völlig.

Zu den interessantesten Schätzen, die man im heimischen Angespül finden kann, zählen die Gehäuse der Großen und der Glänzenden Nabelschnecke. Direkt neben der Schalenmündung kann man bei ihnen einen deutlichen Nabel erkennen. Sie leben in tieferen Bereichen. Dort graben sie sich in Weichböden ein und

... aber der geübte Blick auf den Boden läßt das Herz des Sammlers höher schlagen (oben).

Diese aufrecht wachsende Kolonie des Blättermoostierchens (*Flustra foliacea*) erinnert an einen verblichenen Tang (Mitte).

Die Nabelschnecke *Lunatia* (unten) ...

gehen auf Jagd nach Muscheln. Die anvisierte Beute wird mit dem kräftigen Fuß festgehalten und anschließend mit der Raspelzunge angebohrt. Die kreisrunden Bohrlöcher, die durch die Aktivität der Nabelschnecken entstehen, kann man an vielen angespülten Muschelschalen beobachten. Neben den Schnecken liefern überhaupt die Muscheln die reichsten Schätze für den Strandwanderer. Besonders attraktiv und durchaus nicht häufig sind die verschiedenen Arten der Kammuscheln. Größere Arten werden in Frankreich als Delikatesse verspeist. Die bei uns vorkommenden Kleinformen haben außer feingliedrigen und oft bunt gescheckten Schalenklappen wenig Fleisch zu bieten.

Auch Muscheln machen sich davon

Kammuscheln können übrigens schwimmen. Durch rhythmisches Auf- und Zuschlagen der Klappen entkommen sie so ihren ärgsten Feinden, den Seesternen. Nicht lose auf dem Boden, sondern fest im Untergrund eingegraben, leben die außergewöhnlich geformten Scheidenmuscheln. Besonders häufig findet man an den Küsten der Nordsee eine erst Ende der siebziger Jahre eingeschleppte Art, die Amerikanische Schwertmuschel. Sie ist

... bohrt kreisrunde Löcher in Muschelschalen und schlürft ihre Opfer anschließend aus (oben).

Unversehrte Kammuscheln werden nur selten angespült (Mitte).

Die Amerikanische Schwertmuschel (*Ensis directus*) wird zuweilen in großen Mengen tot an den Strand gespült.

121

ein lebendes Beispiel dafür, daß sich das Artenspektrum in einem Lebensraum durch Einwanderer sehr verändern kann. Schwertmuscheln leben dicht unterhalb der Oberfläche senkrecht eingegraben im Sediment und strudeln durch ihre Siphonen Wasser herbei, um das darin befindliche Plankton abzufiltern. Bei Gefahr können sie sich mit ihrem muskulösen Grabfuß entweder tief in den Boden zurückziehen oder aber auch aus dem Boden hervorschnellen, um dann mit heftigen Klappenbewegungen davonzuschwimmen.

Weichtiere im harten Gestein

Zuweilen kann man auch die Spuren von Muscheln sogar in angespülten Steinen, besonders in Kreideblöcken, ausmachen. Die wie ein Käse durchbohrten Felsbrocken bergen häufig noch die Gehäuse von Bohrmuscheln, die sich in jahrelanger Arbeit mühsam eine Wohnstatt in den harten Untergrund gefräst haben. Mindestens fünf verschiedene Bohrmuschelarten findet man an unseren Küsten (besonders an der Nordsee). Eine davon ist die Weiße Bohrmuschel, die wie ihre nächsten Verwandten auf der Innenseite ihrer Schalenhälften einen kleinen gebogenen Fortsatz trägt. Außerdem ist die Innenseite der Schale in einigen Bereichen des Vorderendes nach außen umgeschlagen. Diese Veränderungen bewirken, daß sich die Mus-

Diese Steinlöcher sind auf die Aktivität von Bohrmuscheln zurückzuführen (oben).

Die weiße Bohrmuschel (*Barnea candida*) sitzt noch in ihrem selbstgebohrten Gang (unten).

kelansätze vergrößern und sich damit deren Bewegungsspielraum erweitert. Die Bohrvorgänge müssen nämlich fast ausschließlich durch mechanische Arbeit geleistet werden, und zwar durch Öffnen und Schließen der Schalenklappen. Zu diesem Zweck sind auch die Vorderkanten der Bohrmuscheln relativ kräftig, am Rand „angespitzt", und die Oberfläche ist wie eine Raspel aufgerauht. Durch ständiges Drehen um die Längsachse entstehen kreisrunde Wohngänge. Einmal in den Felsen eingebohrt, verlassen die Muscheln ihre Behausung nie wieder. Zur Nahrungsaufnahme strecken sie ihre Siphonen aus der Wohnröhre heraus und strudeln mit dem Atemwasserstrom kleine Planktonorganismen oder andere verwertbare Teilchen herbei. Wenn sie sterben, sind ihre Schalenklappen bereits so groß, daß sie durch den konisch zugespitzten Gang nicht mehr fortgespült werden können.

Ungewohnte Meeresfrüchte

Muschel- und Schneckenschalen lassen sich als Überreste von abgestorbenen Weichtieren noch leicht identifizieren. Wer aber könnte sich vorstellen, daß die gelegentlich von Seegräsern und Algen abgerissenen Trauben schwarzer Beeren mit zugespitztem Ende von engsten Verwandten abstammen? Schneidet man eine der runden „Früchte" auf,

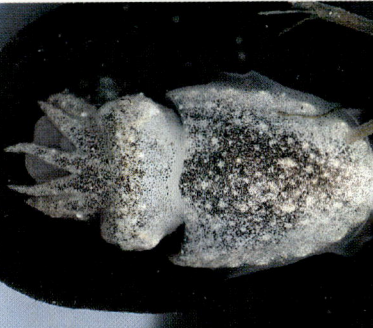

In diesen „Beeren"-Früchten des Meeres (oben) ...

... entwickeln sich die Embryonen der Tintenfische (*Sepia officinalis,* Mitte).

Von abgestorbenen Tintenfischen bleibt nur der angespülte Kalkschulp.

123

lüftet sich das Geheimnis. In jedem dieser kleinen Ballen befindet sich ein noch unfertiger kleiner Tintenfisch. Die Weibchen der Tintenfische legen diese Laichbällchen in kleinen Gruppen an festen Gegenständen ab und ziehen anschließend davon. Die dunklen, derben Beeren bieten dem Nachwuchs einen wirksamen Schutz gegenüber den äußeren Widrigkeiten. Sie schützen vor Licht, vor Austrocknung und halten für den kleinen Embryo außerdem noch einen ausreichenden Dottervorrat bereit, denn zur weiteren Entwicklung benötigt er unbedingt energiereiche Nahrung. Wenn der kleine Tintenfisch mit etwa 0,5 cm Länge schlüpft, sind die Eltern bereits verendet. Ihr Weichkörper wird ein schnelles Opfer von Aasfressern. Aber ihr Rückenskelett, der bekannte Schulp, wird häufig in riesigen Mengen an den Strand gespült. Er besteht aus Kalk und zeichnet sich durch eine sehr poröse Konsistenz aus. Der Schulp erfüllt neben der Stützfunktion noch eine weitere wichtige Aufgabe – er dient nämlich als Schwebeorgan. Durch die kontrollierte Einlagerung und Abgabe von Gasen können die Tiere mühelos und ohne Kraftaufwand im Wasser den Schwebezustand halten. So manchem Vogelfreund dürfte der *Sepia*-Schulp übrigens auch

Die derben Gelege des Steinpickers (*Agonus cataphractus,* ein Bodenfisch) werden nach heftigen Sturmtagen angespült (oben).

Diese auffälligen „Nixentaschen" sind die leeren Hüllen von Rocheneiern.

Der Traum eines jeden Strandsammlers: ein unversehrtes See-, Strand- oder Herzigelgehäuse (unten).

schon als Knabberhilfe für Käfig-Wellensittiche begegnet sein.

Fast wie eine Eierfarm

Neben den Laichbeeren des Tintenfisches werden auch andere Eigelege von Meeresorganismen an den Strand gespült. Das gilt besonders für langlebige Eier. Gelege solcher Art produziert neben dem bereits erwähnten Seehasen auch der Steinpicker. Dieser kleine Grundfisch lebt im Wattenmeer und macht dort Jagd auf kleine Garnelen. Zur Laichzeit ziehen die Weibchen jedoch an felsige Untergründe (z. B. bei Helgoland) und legen dort in den Wurzelkrallen der großen Tange ihre fest verklebten Eiballen ab. Bis die Larven schlüpfen, vergehen nicht weniger als zehn Monate, in denen sie möglichen Freßfeinden und durch Stürme hervorgerufenen Wasserturbulenzen schutzlos ausgeliefert sind.

Rochen und Haie legen ihre Eier dagegen alle einzeln ab. Die kissenförmigen „Nixentaschen" werden an den Ecken mit ausgezogenen Anhängen an festen Gegenständen festgeschlungen und sich anschließend selbst überlassen. Rocheneier sind übrigens fast rechteckig, während die Eier der Haie länger ausgezogen sind. Aus den Kissen schlüpfen später aber keine Larven, sondern bereits vollständig entwickelte Jungfische, die sich sofort wie die Eltern bewegen und auf Nahrungssuche gehen. Die leeren Eihüllen treiben durch ihr geringes Gewicht auf und werden über weite Strecken verdriftet. Schmuckstück einer jeden Angespülsammlung aber sind zweifelsohne die leeren Gehäuse eines Herz-, See- oder Strandigels. Man muß schon großes Glück haben, um ein unversehrtes Exemplar zu finden, denn meistens werden sie bereits von den Wellen beschädigt oder völlig zerschlagen. Die empfindlichen Gehäuse kommen jedoch ohnehin kaum einmal völlig intakt an Land. Die auf Kugelgelenken gelagerten Stacheln sind längst abgefallen, und auch die zentrale Afterregion auf der Kuppel wird schnell abgestoßen. Mit viel Glück allerdings sitzt im Inneren noch der komplizierte Kauapparat der Seeigel: die „Laterne des Aristoteles".

Noch viel empfindlicher als die runden Gehäuse der Seeigel sind die Schalen der im Sand lebenden Herzigel. Ein Kauapparat ist bei ihnen nicht entwickelt. Statt dessen befindet sich auf der Unterseite ein quergestellter Mundschlitz mit einer leicht hervorragenden Unterlippe. Die leeren, weißlichen Gehäuse werden manchmal in großen Mengen angespült. Wenige tragen zuweilen auch noch einen Teil ihrer zarten und dicht beieinander stehenden Stacheln. Sie erscheinen wie ein kurzer, irisierender Pelz.

Tips für die Praxis

* Unbedingt ein paar verschließbare Gefäße (möglichst durchsichtig) in verschiedenen Größen zum getrennten Sammeln mitnehmen (für ganz große Formen am besten eine Tüte); zerbrechliche Seeigel benötigen ein wattegepolstertes Behältnis

* Zum „Schnüffeln" am Boden empfiehlt sich in der kalten Jahreszeit eine Isolationsmatte

Weiterführende Literatur

DIETRICH, G. u. a.: Allgemeine Meereskunde. Gebrüder Borntraeger, Berlin und Stuttgart 1970.

FIORONI, P.: Einführung in die Meereszoologie. Wissenschaftliche Buchgesellschaft, Darmstadt 1981.

HEMPEL, G. (Hrsg.): Meeresbiologie. Spektrum der Wissenschaft, Heidelberg 1990.

JANKE, K., B. P. KREMER: Düne, Strand und Wattenmeer. Kosmos-Naturführer, Franckh-Kosmos-Verlag, Stuttgart 1988.

JANKE, K., B. P. KREMER: Das Watt. Kosmos-Naturführer, Franckh-Kosmos-Verlag, Stuttgart 1990.

JANKE, K., B. P. KREMER, J. REICHHOLF: Meere und Küsten. Zur Ökologie mariner Lebensräume Europas. Steinbachs Biotopführer. Mosaik-Verlag, München 1990.

LOZAN, J. L. u.a.: Warnsignale aus der Nordsee. Paul Parey, Hamburg und Berlin 1990.

LÜNING, K.: Meerbotanik. Verbreitung, Ökophysiologie und Nutzung der marinen Makroalgen. Thieme-Verlag, Stuttgart und New York 1985.

MOORE, P. G., R. SEED (Hrsg.): The Ecology of Rocky Coasts. Hodder & Stoughton, London 1985.

OTT, J.: Meereskunde. Einführung in die Geographie und Biologie der Ozeane. Eugen Ulmer Verlag, Stuttgart 1988.

REINECK, H. E. (Hrsg.): Das Watt, Ablagerungs- und Lebensraum. Verlag Waldemar Kramer, Frankfurt/M. 1978.

STREBLE, H.: Was find ich am Strande? Kosmos-Naturführer, Franckh-Kosmos-Verlag, Stuttgart 1990.

TARDENT, P.: Meeresbiologie. Eine Einführung. Thieme-Verlag, Stuttgart 1979.

VAUK, G.: Naturdenkmal Lummenfels Helgoland. Niederelbe-Verlag, Neumünster 1985.

Nützliche Adressen

Nationalparkverwaltung „Niedersächsisches Wattenmeer"
Virchowstraße 1
2940 Wilhelmshaven

Landesamt für den Nationalpark „Schleswig-Holsteinisches Wattenmeer"
Am Hafen 40a
2253 Tönning

Umweltbehörde der Stadt Hamburg
– Naturschutzamt –
Adenauerallee 10
2000 Hamburg 1

Naturschutzgesellschaft Schutzstation Wattenmeer e. V.
Königstraße 11
2370 Rendsburg

Schutzgemeinschaft Deutsche Nordseeküste
Postfach 1580
2960 Aurich

Verein Jordsand zum Schutze der Seevögel und der Natur
Haus der Natur Wulfsdorf
2070 Ahrensburg

Biologische Anstalt Helgoland
Aquarium
2192 Helgoland

Register